国家级职业教育规划教材
全国中等职业技术学校商贸类专业通用教材

统计基础

李玉玲　主编
人力资源和社会保障部教材办公室　组织编写

中国劳动社会保障出版社

简介

本教材为国家级职业教育规划教材。

本教材讲授了统计的内涵与基本概念，介绍了统计调查和统计整理的方法，分析了统计指标的类型及应用，讲解了动态数列的概念及应用，最后对统计指数和抽样推断进行了说明。

本教材由李玉玲主编，张建红副主编，娄兴华、赵庆雪、耿尚英参与编写。常万普主审。

图书在版编目(CIP)数据

统计基础/李玉玲主编. —北京：中国劳动社会保障出版社，2015
全国中等职业技术学校商贸类专业通用教材
ISBN 978-7-5167-2040-0

Ⅰ.①统… Ⅱ.①李… Ⅲ.①统计学-中等专业学校-教材 Ⅳ.①C8

中国版本图书馆 CIP 数据核字(2016)第 004271 号

中国劳动社会保障出版社出版发行
（北京市惠新东街 1 号 邮政编码：100029）

*

三河市华骏印务包装有限公司印刷装订 新华书店经销
787 毫米×1092 毫米 16 开本 9.75 印张 196 千字
2016 年 1 月第 1 版 2022 年 12 月第 9 次印刷
定价：**18.00** 元

营销中心电话：**400－606－6496**
出版社网址：**http: // www.class.com.cn**
http: // jg.class.com.cn

出版说明

全国中等职业技术学校商贸类专业通用教材共10种，分别为《会计基础》《统计基础》《经济法基础》《企业管理基础》《电子商务基础》《市场营销》《商务沟通》《商务礼仪》《公关关系实务》和《财经应用文写作》。

商贸类专业主要包括市场营销、会计、电子商务、物流管理等，这些专业虽然在专业内涵和外延上各有侧重，但在诸如经济、法律、管理、营销、礼仪等方面对学生基础知识和基本能力的要求具有一定的共通性，因而学校在专业基础课程上可以对学生进行通识教育。本套教材的开发就是基于这一目的，为这些专业构建一个通用平台，供教师根据教学实际选用。

教材编审人员由教学经验丰富的一线骨干教师及企业专家组成，他们根据中职商贸类专业教学要求及学生的认知规律，在教材编写过程中，精心设计教材结构，合理选择教学内容，始终注重表现形式，使教材具有结构清晰、内容丰富、表述简洁、易教易学的特点。

为了便于教师开展教学工作，本套教材配套开发了习题册和电子课件。习题册答案及电子课件可登录 www.class.com.cn，搜索相应的书目，在相关资源中下载。

目　　录

第一章 统计概述

学习目标

- 了解统计及其作用
- 熟悉统计的研究对象、研究过程和主要研究方法
- 理解总体、总体单位、变量、变异的概念
- 初步掌握统计指标及标志的设计

统计作为一种社会实践活动已有四五千年的历史，例如，原始社会的结绳记事即有统计计量活动的萌芽。到了奴隶社会、封建社会，统治者为了征兵、收税等军事和经济上的需要，而进行人口、土地、粮食、牲畜等方面的统计活动。资本主义社会，社会生产力巨大发展，社会分工越来越细，社会生活日趋复杂，统计的对象和内容从过去一般的军事、经济扩展到社会生产、生活的各个领域、各个方面。

统计的实践活动虽然已有几千年的历史，但在此基础上逐步形成的统计学却只有三百多年的历史。从 17 世纪下半叶德国人海尔曼·康令的“国势学”、英国人威廉·配第的“政治算术”，到 19 世纪下半叶比利时数学家、统计学家阿道夫·凯特勒把古典概率引入统计学，在不断完善和发展过程中，统计逐步形成了一门独立的方法论学科。

第一节　统计的内涵

一、统计的含义

统计包括统计工作、统计资料、统计科学三方面的含义。

统计工作是对社会客观现象在数量方面进行调查、研究的一种社会实践活动。例如，要了解我国人口的情况，统计部门首先就要编制调查表，设计调查项目；然

后派调查人员逐户调查，再对调查结果进行汇总计算；最后，得出我国人口的各种总量指标、构成指标及反映人口发展变化情况的指标等。这一系列的活动就是一项统计工作。

统计资料是各种统计数据和相关的分析资料，是统计工作的结果。

表1—1就是对我国人口总量进行调查、汇总计算后得到的统计资料之一。

表1—1　　全国分年龄、性别的人口总量

年龄（岁）	人口数（人）			占总人口比重（%）		
	合计	男	女	合计	男	女
总计	1 332 810 869	682 329 104	650 481 765	100.00	51.19	48.81
0～14	221 322 621	119 794 508	101 528 113	16.61	8.99	7.61
15～39	543 479 646	276 663 367	266 816 279	40.78	20.76	20.02
40～59	390 414 162	198 831 268	191 582 894	29.29	14.92	14.37
60～79	156 605 094	78 265 209	78 339 885	11.75	5.87	5.88
80～99	20 953 412	8 765 900	12 187 512	1.57	0.66	0.91
100岁及以上	35 934	8 852	27 082	27/百万	7/百万	20/百万

资料来源：我国第六次人口普查，普查时点为2010年11月1日0时。

统计科学是关于如何搜集、整理、分析数据资料的一门方法论学科。

统计工作、统计资料、统计科学三者之间有着密不可分的关系：统计工作的成果是统计资料，统计资料和统计科学的基础是统计工作，统计科学既是统计工作经验的理论概括，又是指导统计工作的原理、原则和方法。它们之间的关系如图1—1所示。

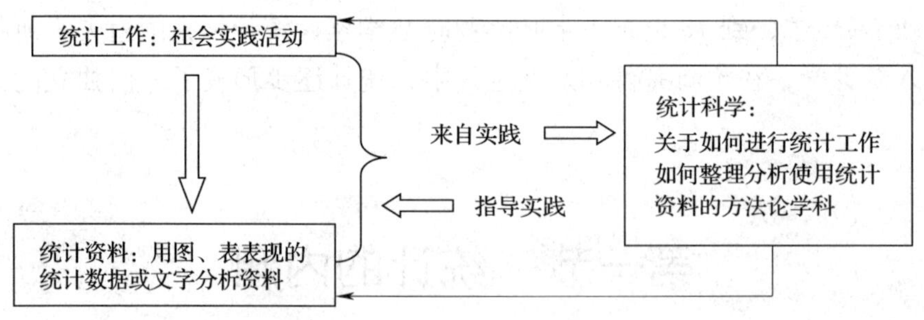

图1—1　统计三种含义的关系简图

二、统计的研究对象

统计的研究对象是客观现象总体的数量特征和数量关系，主要有三个特点，即数量性、总体性、具体性。

知识窗

统计工作与统计科学的研究对象

两者的研究对象是一致的，统计工作是直接研究客观现象总体的数量特征和数量关系，统计科学则是间接研究。

数量性是指统计用大量的数据资料来说明事物的规模、水平、结构、比例关系、差别程度、普遍程度、发展速度等。

总体性指统计研究的成果或结论是表明大量（或足够多）个体综合的、整体的状况，而不是某一个或几个个体的状况。尽管在其研究过程中也会注意到个体之间的差别，甚至有时会从个别典型入手来“解剖麻雀”，但最终还是要分析、归纳出反映总体本质特征的综合数据。

具体性指统计研究的数据不是抽象的数字，每一个数据都包含着事物在一定时间地点条件下的状况，都有具体的内容。因此，了解和分析公式中各个因素代表的具体内容，是学习和掌握统计科学、做好统计工作必须注意的一个问题。

想一想?

数学运算中$\frac{1}{2}+\frac{1}{2}=1$，在统计研究中，如果某区有 100 家企业，其中有 50 家企业亏损，有 50 家企业盈利，是否还能做这样的计算?

为什么统计要以客观现象总体的数量方面作为其研究对象？这是因为，统计研究要认识的是事物的本质特征，而在很多情况下，从数量方面做分析研究，用具体的数据来描述，更容易理解和认识事物的本质。

例如，下面分别用语言和具体的数据来描述举世闻名的科学家爱迪生。

描述 1：爱迪生是举世闻名的美国电学家和发明家，他非常勤奋好学，常常夜以继日、废寝忘食、不知疲倦地思考和工作，发明了许多有价值的东西，对人类的生活影响特别大。

描述 2：爱迪生是举世闻名的美国电学家和发明家，他一生发明有 1 100 多项，其中最大贡献是发明留声机和自动电报机，试验并改进了白炽灯和电话。他每天工作十八九个小时，每当有新想法，无论是在干什么，他都会随时掏出 200 页厚的笔记本记下一闪而过的思想，这样的笔记本，他几天用一本，一生用了 3 000 多个笔记本。

上面两种描述哪一种更具体、更清晰、更生动，答案是不言而喻的。从中可以看出，通过具体的统计数据对事物进行研究和描述，能够使我们更加生动、形象、真实地了解事物本质。

三、统计研究的过程和方法

1. 统计研究的过程

统计研究一般需要经过五个阶段，见表1—2，其中调查、整理、分析是统计研究中最为主要的阶段。

表1—2 统计研究的各个阶段

过程	主要任务
统计设计	对统计研究的单个环节或整个过程进行通盘考虑、全面安排。其中统计指标和指标体系的设计是最为重要的
统计调查	有计划、有组织地搜集统计原始资料
统计整理	审核汇总大量的原始资料，使其系统化、条理化
统计分析	计算并运用各种统计指标对总体现象进行描述、评价、预测
提供服务	建立、管理统计自动化信息库，为政府及社会公众提供信息，为国家宏观调控提供依据

2. 统计研究的方法

统计研究的方法多种多样，包括大量观察法、分组法、综合指标法等。不同的研究阶段，使用的方法有所侧重。

表1—3简单列举了统计研究主要阶段用到的主要研究方法，这些方法的运用将在后面各章节中介绍。

表1—3 统计研究主要阶段用到的主要研究方法

主要阶段	主要研究方法
统计调查	大量观察法，各种调查方式、方法，调查方案、调查问卷等
统计整理	分组法、手工与计算机汇总法、统计图表设计绘制方法等
统计分析	综合指标法、动态分析法、统计指数法、抽样推断法等

四、统计的职能和作用

现代统计对于政府决策、企业投资和发展、学术研究、媒体传播、公众知情和参与等都发挥着越来越重要的作用。

1. 统计的职能

统计主要有信息、咨询和监督三大职能。

（1）信息职能

统计通过系统地搜集、整理、积累国民经济和社会发展的数据资料，掌握有大量丰富的信息资源。

（2）咨询职能

利用丰富的信息资源，运用科学方法进行综合分析，为科学决策和管理提供依据和咨询意见。

（3）监督职能

利用统计信息，对社会经济运行状态进行定量检查、检测和预警，揭示社会经济运行中出现的偏差，提出矫正意见，预警可能出现的问题，提出对策，以促进社会经济良性、可持续发展。

三大职能中信息职能是基础。

2. 统计的作用

（1）为宏观管理与监控提供依据

统计能为科学制定国民经济中长期计划或规划提供可靠的依据，对国民经济的运行实施全面及时的宏观监控。

（2）为微观管理与经营提供信息

在市场经济条件下，企业有了充分的经营管理自主权，但是这并不意味着经营管理可以随意而定，企业需要根据市场情况和自身的条件科学决策、科学管理，这就需要有充分、真实的信息和正确的分析作为决策的依据。统计能为企业的经营与管理提供及时全面的信息。

第二节　统计的基本概念

总体、总体单位、标志、指标等一些基本概念，将贯穿于统计研究与学习的全过程。下面结合例 1—1 来初步认识这几个概念。

【例 1—1】 要了解某校本年新生第 10 班学生的基本情况，以便同学之间、同学与老师之间能尽快相互了解，就应首先明确向哪个范围做调查？向这个范围内的谁做调查？调查哪些内容？

在这里，调查的范围是某校本年新生第 10 班的全部学生即总体，调查的该班每一位学生即总体单位，调查的一些基本情况如姓名、性别、年龄、来源、是否团员、是否住校、业余爱好、午餐喜欢的饭菜。这八项内容即标志。调查活动结束，汇总整理后得出反映全班学生情况的项目及数据即为指标。

由此看来，这些统计专业术语其实是很容易理解的。

一、总体与总体单位

1. 总体

统计总体是指由客观存在的某些或某个性质相同的许多个体单位构成的整体，简称为总体。统计总体具有同质性、大量性、差异性等特性。

同质性指组成总体的个体具有某些共同性质。

大量性指构成总体的个体应有足够多的数量，因为只有通过对大量个体的观察，才能消除个别个体表现出的偶然因素的影响，显示出总体的本质特征。

差异性又称变异性，是指组成总体的个体除了有某些或某个相同的性质以外，其他方面存在着大量的差别或不同。

如上面例1—1中提到的某校本年新生第10班的全体学生这个总体中，假设有50名学生，这些学生都是本年入校的，而且都想学习某个专业，这就是这个总体的同质性；50名学生的基本情况，如若只了解1～2名或者3～5名来代表全班，只能是以偏概全，所以就需要了解绝大部分学生或者全部学生的情况，这就是所谓的大量性；这50名学生除了同年入学、同一个专业这两个共同性质外，其他诸多方面都存在着不同或差别，即具有差异性。以上就是这一总体同质性、大量性、差异性的具体内容。

任何一个统计总体都同时具备同质性、大量性及差异性。

2. 总体单位

总体单位是指构成总体的各个单位，简称个体。统计研究离不开统计调查，那么向谁做统计调查？向总体单位做调查，即向一个个统计个体做调查。因此，总体单位是各项统计资料最原始、最关键、最重要的提供者，对统计资料的真实性有着决定性的影响。

点拨

确定总体、总体单位的重要性

任何一项统计研究如果不首先确定调查范围即统计总体，选定调查单位即总体单位，那么调查将无法开展；如果总体、总体单位划分不正确，将导致后续的调查与分析工作事倍功半甚至毫无价值。

课堂讨论

确定下面题目中的总体、总体单位。

（1）调查了解本班学生的基本情况。

（2）调查了解本班学生的学习情况。

（3）调查了解本班学生对学校伙食的意见和要求。

（4）调查了解本校食堂的卫生及饭菜质量情况。

(5) 调查了解本班今日的卫生状况。

(6) 调查了解本校今日的卫生状况。

(7) 调查了解本区工业企业的生产经营情况。

(8) 调查了解本区内工业企业生产设备的利用情况。

(9) 调查了解本市上半年交通事故状况。

(10) 调查了解某热电厂上个季度电力的生产经营情况。

(11) 调查了解上月某企业产品的质量状况。

(12) 调查了解某养殖户所饲养的鱼的生长状况。

大家在讨论上面 (5) (6) 两个题目时可以看出，“本班负责的所有卫生区域”是总体还是总体单位，不是固定不变的，会随着研究目的的不同而变化，在第 (5) 题中是总体，在第 (6) 题中则是总体单位。因此，不能机械地记忆上面题目中的总体与总体单位，应通过讨论真正理解。

点拨

如何确定总体与总体单位

由前面的讨论可见，总体与总体单位不是固定不变的，研究目的与任务变了，调查的范围就随着变化，原来的总体可能会转变为总体单位，或者由总体单位转变为总体。准确无误地划定总体与总体单位的关键是要根据具体的研究目的与任务来进行确定。

二、标志与指标

1. 标志

(1) 标志的概念

标志是反映总体单位特征的名称和具体表现。如例 1—1 中，总体是新生第 10 班本期所有学生，总体单位是 10 班的每一位学生，而调查的八项内容在统计研究中被称为标志，见表 1—4。

表 1—4　　第 10 班学生基本情况调查表

姓名	性别	年龄	来源	是否团员	是否住校	业余爱好	午餐偏好
(1)	(2)	(3)	(4)	(5)	(6)	(7)	(8)

(2) 标志的种类

标志按其性质不同，可分为品质标志、数量标志两大类。品质标志是表明总体单位不能量化的特征的名称，具体表现用文字；数量标志是表明总体单位数量特征的名称，具体表现用数值。

表 1—4 中共有八项内容即八个标志，其中年龄为数量标志，其他七项为品质标志。

（3）标志表现

标志表现是指在标志名称后面所列示出来的属性或数量。例如，姓名有张三、李四、王五等，年龄有 15 岁、16 岁、17 岁等，这些具体的文字或数值称作标志表现。数量标志的具体表现也可称作数量标志值。

2. 指标

（1）指标的概念

指标是表明总体综合数量特征的概念和数值。例如，假设对例 1—1 中的项目进行调查得到了反映 50 名学生基本情况的七项数据内容，将其汇总得到指标，见表 1—5。

表 1—5　　第 10 班学生基本情况汇总表

指标名称	总人数	男生	住校	喜欢篮球	喜欢上网	喜欢套餐	喜欢面食
人数（人）	50	20	40	10	30	35	15
占总人数（%）	100	40	80	20	60	70	30

（2）指标要素

指标要素是说明具体现象总体特征的指标，通常包括时间、空间、指标名称、具体数据、计量单位等方面的内容，例如：

本学期	本班学生	总人数	50	人
时间	空间	指标名称	具体数据	计量单位
2014 年	我国	国内生产总值	636 463	亿元
时间	空间	指标名称	具体数据	计量单位

注：数据来源为《中华人民共和国 2014 年国民经济与社会发展公报》。

知识窗

国内生产总值

国内生产总值（GDP）指一个国家（或地区）所有常住单位在一定时期内生产活动的最终成果。从价值形态看，它是所有常住单位在一定时期内增加值之和。

国内生产总值常用来表明一个国家或地区在一定时期的经济发展总量。它是比较、评价国与国之间、地区与地区之间经济发展差异的基础性指标。

如果统计表格的总标题或表注中已经把时间、空间、计量单位表明了，那么通常只需要说出指标名称与具体数据。

（3）指标的分类

统计指标可以依照不同的标准进行分类，见表 1—6。

表 1—6　　统计指标分类

标准	种类	实例
按其反映总体的特征不同	数量指标：反映总体规模大小、量的多少等外延特征，表现为绝对数	人口总量、土地面积、产品产量、销售额、考试成绩等
	质量指标：反映总体强度、效果、变化速度、比例关系等内涵与质量的特征，表现为相对数、平均数	人口密度、发展速度、增长速度、劳动效率、平均工资、平均分数、及格率等
按其表现形式不同	总量指标：反映总体规模大小的综合指标，表现为绝对数	总人数、总成绩、总产量、总面积、总金额等
	相对指标：两个有联系的指标的比值，表现为系数、倍数、百分数、千分数、复名数等	人口密度、发展速度、比重、人口自然增长率等
	平均指标：总体标志总量与总体单位总量的比值，表现为平均值	平均成绩、平均工资、平均亩产、单位成本等
按其功能不同	描述指标：反映社会生产、生活过程和结果的指标	人口指标、劳动资源指标、国内生产总值、居民文化程度等
	评价指标：对社会生产生活过程、结果进行比较、评估考核的指标	劳动生产率、资金利润率、国内生产总值增长率等
	预警指标：对宏观经济的运行进行监测预报的指标	物价指数、失业率、进出口贸易与国际收支等
按其反映现象的性质不同	实体指标：反映具有实体形态的客观存在的总体的数量特征	粮食产量、从业人数、商品销售量等
	行为指标：反映某种行为的数量特征	工伤事故数量、缺勤率、电视收视率、考试成绩等
按其数据依据不同	客观指标：可以通过实际度量或计数来取值的、具有具体性的指标	粮食产量、从业人数、商品销售量等
	主观指标：凭人们的主观估计、评价来取值的指标	比赛中的评委亮分、顾客满意度、经理信心指数等

想一想?

1. 2014 年我国的粮食产量为 60 710 万吨；某班 50 名学生本期专业课考核的平均分 86 分。按照统计指标不同的分类标准，它们分别被称作什么指标?

2. 表 1—5 第 10 班学生基本情况汇总表中哪些是数量指标? 哪些是质量指标? 它们有什么不同?

统计的语言是数据，这里的数据指的是统计指标。从表 1—5 和上述其他统计指标的实例中可见，统计指标具有数量性、综合性、具体性。

3. 指标与标志的联系与区别

(1) 指标与标志的联系

首先，指标数值均由总体单位的数量标志值汇总，或者根据品质标志的具体表现加工而来。其次，随着研究目的与任务的变化，总体与总体单位有可能发生变化，可能引起指标与标志也随之发生相应的变化。

(2) 指标与标志的区别

首先，指标是说明总体的，标志是说明总体单位的。其次，指标均用数值表示，而标志有用文字表示的，也有用数值表示的。

点拨

指标与标志的形成过程

在统计学的学习过程中，先看到标志，后看到指标，这样有利于初学者理解。但是，实际研究过程是：设计指标→设计标志→实际调查→整理资料→形成指标→分析说明。也可以说，统计研究的过程是从定性到定量再到定性。

4. 指标与指标体系

指标体系是指由一系列既相互联系又相互制约的统计指标构成的整体。

在认识事物的过程中，单单观察一个方面是不够的，要全面客观地分析和认识事物，就需要多方面的研究和分析，就需要多个指标形成一个整体来研究，甚至需要许多个指标形成多个整体来综合研究，这就需要用到指标体系。

例如，对企业生产过程的分析用到的指标体系之一为：

期初库存＋本期收入－本期支出＝本期期末库存。

三、变量与变异

1. 变量与变量值

可变的数量标志或同名指标，统计中也称为变量，其具体表现称为变量值。

假设某企业有职工 200 人，用表 1—7 调查其相关资料。表中 (4) (5) (7) 列第一行的名称被叫作数量标志，也可称作变量。每一个变量都会有 200 个变量值或称 200 个数量标志值。

表 1—7　　**某企业职工基本情况调查表**

序号	姓名	性别	年龄	工龄	岗位	月工资（元）
(1)	(2)	(3)	(4)	(5)	(6)	(7)
1						
2						
3						
…						
200						

2. 连续型变量与离散型变量

连续型变量指变量值可以取小数，也可以取整数的变量。离散型变量指变量值只能取整数而不能取小数的变量，若取小数则在现实中无意义。例如，反映企业规模的“年产值”“占地面积”“年利税额”“年营业额”等变量属连续型变量；反映企业规模的“职工人数”“设备数量”“产品产量”等变量属离散型变量。

3. 变异

变异也可理解为日常所说的差别、变化、不同等。统计研究中的变异指总体各单位标志表现有差异的现象。

【例 1—2】 甲学习小组五名学生专业课的成绩为 90、95、87、79、64；乙学习小组五名学生专业课的成绩为 80、85、88、90、98。“成绩”这一数量标志在各个小组五名学生中表现不同，有变化，称作变异。甲组成绩变化大，乙组成绩变化小，也可以说是甲组变异大，乙组变异小。品质标志在各总体单位之间的表现不同也同样称作变异，例如，“住址”这一品质标志有 A 街 1 号、B 街 2 号等。

变异普遍存在于事物之中，观察分析事物内部的变异状况是统计研究中的重要内容。

想一想？

1. 表 1—8 某班本期学生学习状况调查表中的数量标志、品质标志有哪些？变量有几个？变量值有几个？

2. 表 1—9 某班本期学生学习情况一览表中的指标有哪些？数量指标有几个？质量指标有几个？

表 1—8　　某班本期学生学习状况调查表

序号	姓名	性别	出勤（节）	缺勤（节）	按时交作业（次）	课堂活动（分）	考核（分）	学生评价（级别）
(1)	(2)	(3)	(4)	(5)	(6)	(7)	(8)	(9)
1								
2								
3								
…								
50								

表 1—9　　某班本期学生学习情况一览表

指标名称	总人数（人）	男生（人）	女生（人）	出满勤（人）	缺勤 20 节（人）	作业按时交（人）	考核及格（人）	考核总分（分）
（甲）	(1)	(2)	(3)	(4)	(5)	(6)	(7)	(8)
指标数据								

逻辑简图

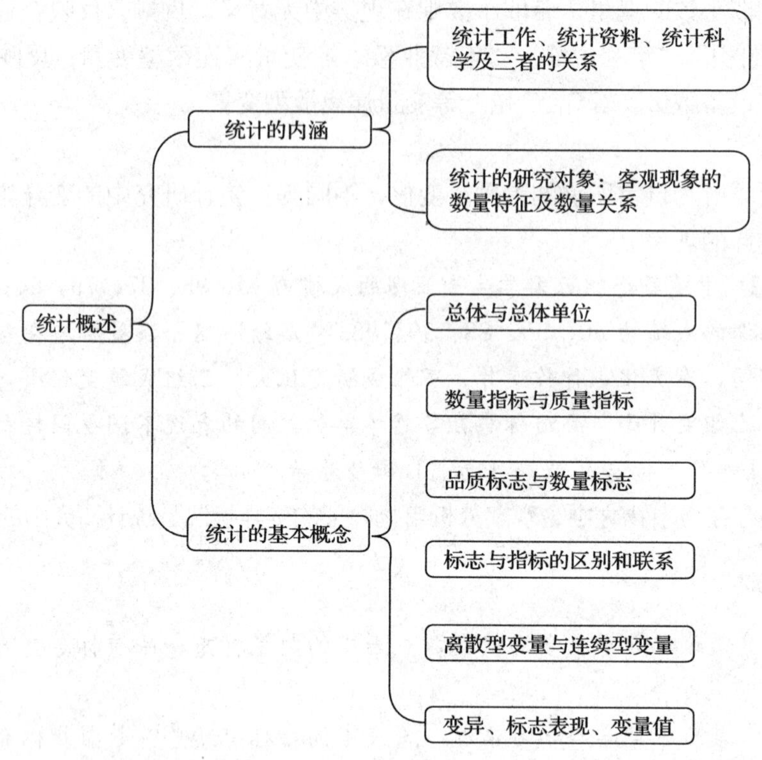

思考与练习

1. 简述统计的三个含义及其相互关系。

2. 简述统计指标与标志的区别和联系。

3. 某企业集团下属三个分公司上年实现利润总额合计 300 万元，其中一公司 120 万元，二公司 80 万元，三公司 100 万元。分析回答这个具体情况中的统计总体、总体单位、统计指标、标志、变量、变异分别指什么？

第二章 统计调查

学习目标

- 了解统计调查的几种主要方式方法
- 掌握统计调查方案的内容及其制订
- 掌握统计调查问卷的结构及其设计

统计调查是根据统计研究的目的和任务，有计划、有组织地搜集统计资料的工作过程。这些资料分为第一手资料和第二手资料两大类。通过直接向被调查单位或个人进行调查搜集得到的、未经加工整理的各种资料，称为第一手资料或原始资料。从国家依法发布的统计年鉴、各种报表及其他媒体等途径得到的资料称为第二手资料，这些资料是经加工整理过的、能说明现象总体特征的资料。本章所要介绍的统计调查是指取得第一手资料的调查过程。

第一节 统计调查的方式方法

一、统计调查的要求和分类

1. 统计调查的要求

统计调查必须遵守实事求是的基本原则，所搜集的资料必须满足准确性、及时性、全面性的基本要求，具体内容见表2—1。

表2—1 统计调查的要求

要求	含义
准确性	调查人员搜集的统计资料必须真实可靠，符合客观实际，不能歪曲和掩盖事实真相
及时性	调查人员必须按法律、制度或相关规定，及时提供各项调查资料，不得迟报
全面性	调查人员必须按照规定，把应当调查的单位、应当调查的项目毫无遗漏地进行调查

2. 统计调查的分类

按照标准的不同，统计调查可以分为若干类，见表 2—2。

表 2—2　　统计调查的分类

标准	种类	含　义
按调查的组织方式不同划分	定期统计报表	依照国家统一规定的表式和要求，自下而上地提供统计资料的调查。我国国民经济发展中的一些重要的统计资料即是采用定期报表的方式
	专门调查	根据调查对象的特点，为了完成某一特定任务而专门组织的调查。专门调查包括普查、重点调查、典型调查、抽样调查
按调查对象包括的范围划分	全面调查	对调查对象中的全部单位一个不漏地进行填报登记的调查。多数定期报表、各项普查即为全面调查
	非全面调查	对调查对象中的部分单位进行登记填报的调查。非全面调查包括重点调查、典型调查、抽样调查
按调查的任务不同划分	国家统计调查	对全国性的基本情况和一些重大事项所进行的调查。其调查的项目要由国家统计局拟定，或者由国家统计局和国务院有关部门共同拟定，报国务院备案或审批后实施
	部门统计调查	政府各业务主管部门根据其业务管理的需要所进行的专业性调查。其调查的项目由本部门拟定，报国家统计局或者同级地方政府统计机构审批后实施
	地方统计调查	地方各级人民政府为制定地方政策所进行的区域性调查。其调查的项目一般由县级以上地方政府统计机构拟定，或者与有关部门共同拟定，报同级地方政府统计机构审批后方能实施

二、统计调查的方式

统计调查主要有定期统计报表、普查、抽样调查、典型调查、重点调查等几种方式。

1. 定期统计报表

定期统计报表是依照国家统一规定的表式、内容、报送时间、报送程序，自下而上提供统计资料的一种报告制度。

定期统计报表可以全面、连续、及时地为各级政府和各个专业部门提供经济和社会发展的基本情况，具有统一性、时效性、全面性的优势。比如，从 2012 年 2 月开始，我国 70 多万家基本单位名录库中的“三上”企业，按照企业一套表制度规定的调查内容，采用统一的数据采集处理软件，将原始数据通过互联网直接报送全国统一的数据中心，实现了各级、各专业统计机构在线同步接收、审核和共享原始数据，确保数据的真实准确与及时完整。从 2013 年起，增加规模以上服务业，简称“四上”企业。

知识窗

什么是“四上”企业

1. 年主营业务收入2 000万元及以上的工业法人企业。

2. 年主营业务收入2 000万元及以上的批发业和年主营业务收入500万元及以上的零售业法人企业、产业活动单位和个体户；年主营业务收入200万元及以上的住宿和餐饮业企业和个体户。

3. 资质以内的建筑企业和房地产开发企业。

4. 年营业收入1 000万元及以上，或年末从业人员50人及以上服务业法人单位。

资料来源：国家统计局2015年1月5日发布的统计报表制度。

定期统计报表这种调查方式需要的人力物力和时间比较多，在我国目前的调查体系中，定期统计报表可作为国情国力调查的一种补充方式。而对于广大的企事业基层单位而言，认真做好定期统计报表一方面是履行对国家的义务，另一方面是搞好本单位经营与管理的基础性工作。目前我国定期统计报表的种类见表2—3。

表2—3　**定期统计报表的种类**

标准	种类	含义	举例
按报表内容和实施范围不同划分	国家报表	国家统计部门统一制发的报表，全国范围内实施，反映国民经济的基本情况，也称作国民经济基本报表	由国家统计局设计实施的“限额以上批发和零售企业、个体经营户统计月报表”
	业务部门报表	用来搜集与本部门业务有关的基本情况的报表，在本系统内实施，作为国家报表的补充	由教育部设计实施的“高等教育基层统计报表”“中等职业教育统计报表”“基础教育基层统计报表”
	地方报表	根据地方特点而补充制订的地方性报表	由河南省农业厅设计实施的“河南省农产品加工统计月（季、年）报表”
按填报单位性质不同划分	基层单位报表	由基层企事业单位填报的报表，反映其生产经营情况	郑州宇通公司生产经营统计报表、中国联通郑州分公司统计报表
	综合报表	由各级统计调查部门根据基层报表逐级汇总填报的报表，综合反映本地区或本部门、本系统的经济发展或者经营情况	由郑州市统计局汇总填报的“郑州地区批发零售业商品销售和库存统计报表”、河南省教育厅汇总填报的“河南省中等职业教育统计报表”等
按报送周期不同划分	月报、季报、年报	由填报部门按照月、季、年为周期上报的报表	限额以上工业企业生产经营统计月报、季报、年报；限额以上批发和零售企业财务状况季报等

2. 普查

普查是为了某一特定目的专门组织的一次性全面调查。通过普查可以搜集反映整个国家人力资源、物质资源、经济发展等方面的系统、详细、全面的统计资料，为制定国民经济和社会发展规划、产业政策、民生政策等提供重要的、必要的依据。

目前，我们国家的普查主要有人口普查，每10年一次，末位逢0的年份进行，末位逢5的年份进行一次1%的人口抽样调查；农业普查，每10年一次，末位逢6的年份进行；经济普查，每5年进行一次，包括工业、建筑业、第三产业、基本单位等方面的情况，末位逢3和8的年份进行。周期性的人口、农业、经济三大普查已经成为我国统计调查体系中的基础。

普查搜集的资料全面、系统、准确、详细，但普查是大规模的全面调查，其工作量大，投入的人力、财力、物力多，成本高。

知识窗

我国第六次人口普查

我国第六次人口普查的标准时点是2010年11月1日0时。人口普查对象是指普查标准时点在中华人民共和国境内的自然人以及在中华人民共和国境外但未定居的中国公民，不包括在中华人民共和国境内短期停留的境外人员。人口普查登记的主要内容包括姓名、性别、年龄、民族、国籍、受教育程度、行业、职业、迁移流动、社会保障、婚姻、生育、死亡、住房情况等。

3. 抽样调查

抽样调查是按照随机原则，从现象总体中抽取部分单位作为样本进行调查，并用样本指标去推断总体指标的一种调查方式。抽样调查的目的就是为了推断总体的指标。

抽样调查从技术方面看有随机性、误差可控性两大特点。

随机性是指对样本单位的选取按照随机的原则，排除人的主观意识的影响。随机抽取样本，其根本的目的是要保证所抽取的样本单位在总体中具有广泛的代表性，用这些样本单位所得到的数据推断总体，能有比较高的准确性。

误差可控性是指用抽样调查这种方式，样本与总体之间必然有结构性的误差存在，根据不同的研究目的和对数据精确程度的不同要求，这种误差可以通过计算控制在一定范围内。就像常见到的打靶，靶心即是要推断的总体指标，击中靶子的范围画得与靶心距离越大，即允许的误差越大，那么命中这个范围的可能性就越高；反之，击中靶子的范围画得与靶心距离越小，即允许的误差越小，那么命中这个范围的可能性就越低。抽样调查在做这种推断时是以概率论、数理统计为理论基础的，是有科学依据的。

想一想?

某校有3 000名学生，抽取1%的学生30名，用这30名学生的平均身高、平均体重去推断全校3 000名学生的平均身高、平均体重，这种方法可靠吗?

抽样调查从应用方面看有经济性、时效性、准确性以及灵活性等几个特点。经济性指的是抽样调查的调查单位少，工作量小，与普查相比成本低；时效性指由于其调查单位少、工作量小，各个阶段的时间花费会大大缩短，时效性更强些；准确性一方面指其误差的可控性，另一方面指采用这种方式可以避免或减少层层汇总逐级上报中的行政干预所带来的差错；灵活性指抽样调查的范围大小、项目多少可以根据需要而定，组织抽样调查方便灵活。

4. 典型调查

典型调查是根据调查的目的和要求，有意识地选取同类事物中具有代表性的单位进行的调查。采用这种调查方式能够解决的问题主要有：对新生事物进行研究，对某种经验或者教训进行总结，获得报表上显示不出的详细情况，在掌握有各类别总体单位占全部总体比重的条件下推断总体数据。

典型调查具有调查单位非常少，省时、省力、省费用，调查深入细致，调查结果准确度无把握等几个明显的特点。

5. 重点调查

重点调查是从研究现象总体中，选择若干重点单位进行的调查。重点单位是指其标志值在总体的标志总量中占有绝大比重的单位。这些重点单位的数量虽然只占总体的很少一部分，但在某一方面却有着举足轻重的作用。

例如，某省辖市有18个区县，年产大枣2 000吨，其中新都区、牟山县这两个区县的年产量1 600吨，占全市枣产量的80%。要了解该市大枣的生产经营基本情况，只需要调查这两个区县即可。因此，这两个区县在这项调查中被称作重点单位。

【例2—1】 2011年年底，全国年主营业务收入2 000万元及以上的工业法人企业有32.6万家，占全部工业企业总数的5%，其主营业务收入84.2万亿元，约占全部工业企业主营业务收入的90%，国家为及时了解工业企业的生产经营概况，把这些企业作为重点单位，纳入全国企业一套表联网直报重点调查范围。

重点调查中调查单位少，省时省力时效快，其结果不能用来推算总体，仅能反映总体某种特征的基本情况而非全面情况。重点调查方式应用的必备前提，一是调查只要求获得总体的基本情况，二是有重点单位存在。

以上五种统计调查方式的特点见表2—4。

表 2—4　　五种统计调查方式的特点

调查方式	调查单位名称	取得方式	应用	优点	局限性
定期统计报表	调查单位	法定范围内的每个单位	对国民经济运行中基本的、重要的情况的搜集	及时、全面、准确	不够灵活、缺少具体情况
普查	调查单位	划定范围内的每一个单位	对全面的、重大的国情国力情况的调查，基层单位经营管理情况的调查	全面、准确	费时、费力、费用大
抽样调查	样本单位	随机选取	适用于不能、不便、没必要用全面调查，但又需要全面调查资料的情况	灵活、经济、准确	掌握这种方法需要一定的理论和实践基础
典型调查	典型单位	有意识选择	了解具体情况、新生事物、正反两方面经验和教训	方便、灵活	准确度无把握
重点调查	重点单位	有意客观选取	要求迅速掌握总体的基本情况且有重点单位存在时	省时、省力	调查结果不能用来推算总体

三、统计调查方法

统计调查的方法是指选用以上各种调查方式进行调查时，搜集各种资料的具体做法，主要有直接观察法、报告法、问卷法、采访法。

1. 直接观察法

直接观察法是调查人员到现场对调查单位的情况进行直接的观察、计数、测量，以取得第一手资料的方法。这种方法取得的资料比较真实、详细，但是花费的人力、物力、时间较多。人口普查、农作物产量的预测、工业品质量的检测、库存商品的盘点等都采用这种方法。

想一想？

直接观察法能用于对历史问题研究吗？

2. 报告法

报告法是以各种原始记录和核算资料为基础，由负责报送资料的单位按照有关规定逐级向上报告统计资料的一种调查方法。这种方法要求各单位建立健全原始记录及台账，并且在平时就要按照国家的相关制度正确、真实、连续地进行登记。目前我国的定期统计报表制度采用的就是这种方法。

3. 问卷法

问卷法是调查者根据调查目的，设计一系列相关问题并制成表格或答题纸，收集被调查者有关信息的一种调查方法。这种方法简便易行，适用性强，但所收集资料的真实性值得商榷。

4. **采访法**

采访法是指通过调查人员向被调查者提问来收集资料的一种方法，包括个别访问、开调查会两种形式。这是一种面对面口头交流的调查方法，能搜集到生动、具体、丰富的第一手资料。

个别访问可以保证调查资料的真实性，虽然费时费力，但在一些涉及商业秘密或者不便在公开场合讨论的情况下还是应该采用它。人口普查常用这种方法。

开调查会就是邀请熟悉情况的人员座谈来取得资料。这种方法节约时间和人力，效率比较高，适合对一些公共话题及项目的调查。

课堂讨论

说一说下面的调查题目适合用哪些统计调查方式和方法。

1. 调查了解本班学生的基本情况。
2. 调查了解本班学生对学校伙食的意见和要求。
3. 调查了解本市上半年交通事故的状况。
4. 调查某养殖户所饲养的鱼的生长状况。

第二节　统计调查方案的制订

统计调查是一项复杂细致的工作，为确保调查能够有序、顺利地进行，在调查之前要对调查工作统筹安排并做出计划，即调查方案。评价一份调查方案的好坏，标准是看其是否切实可行。

一般而言，制订一份完整的调查方案，应包括确定调查的目的和任务、确定调查对象和调查单位、确定调查的方式和方法、确定调查项目和调查表、确定调查的时间和期限、拟定调查的组织实施计划。

一、确定调查的目的和任务

调查目的就是为什么要做调查，或者说调查结果要回答或者要解决什么问题。目的不明确，会影响调查的质量；目的明确了，但是所选的题目不能够紧密结合实际工作的需要则会影响到调查结果的应用价值。因此，在实际工作中应选择那些紧迫的、关键的或者有重要影响的问题去调查。

调查的任务是指要搜集哪些方面的内容。调查任务应完全服从调查目的的需要，与调查目的无关或关系不紧密的内容不能列为调查任务。

【例2—2】 为了促使某校学生科学合理地用眼，调查了解该校学生的视力状况。“促使某校学生科学合理地用眼”是这项调查的目的，“调查了解该校学生的视力状况”

是这项调查的任务。

【例 2—3】 第六次全国人口普查的目的是“为科学制定国民经济和社会发展规划，统筹安排人民的物质和文化生活，实现可持续发展战略，构建社会主义和谐社会，提供真实准确、完整及时的人口统计信息支持”。任务是“查清 2000 年以来我国人口分布和居住环境等方面的变化情况。”

这两个例子中的调查任务都非常明确，而且符合调查目的的需要，调查学生视力状况这个选题关系到学生的身体健康和日常良好行为习惯的培养，调查结果会受到学生、家长、学校、老师等的广泛关注。第六次全国人口普查则是关系国计民生的重大事项，其重要意义显而易见。

二、确定调查对象和调查单位

调查对象就是根据调查目的所确定的统计总体。

调查单位是调查对象中进行标志登记的个体，这个概念与总体单位有所不同。例如，在某项调查中，如果选择全面调查，调查单位将包括调查对象中的每一个个体；如果选择非全面调查，那么调查单位则是指被选中的那些样本单位、典型单位、重点单位等。

知识窗

报告单位与调查单位的区别

报告单位是指负责向统计部门报告并填写统计资料的单位。调查单位与报告单位有时一致有时不一致。例如，进行工业普查时，调查单位是每一家工业企业，负责填报统计资料的报告单位也仍然是每一家工业企业，这时两者是一致的；但进行工业设备普查时，报告单位是负责填报统计资料的每一家工业企业，而调查单位则是每一台设备，这时两者并不一致。

想一想?

“调查了解某校学生的视力状况”“第六次全国人口普查”这两项调查中调查单位与报告单位是不是一致?

三、确定调查的方式和方法

确定调查方式就是在普查、定期统计报表、典型调查、重点调查、抽样调查等方式中选择某种方式实施调查。确定调查方法是在调查方式确定以后选择一种或多种搜集资料的具体方法。

调查方式和方法的确定，要根据调查单位的情况以及调查组织者自身的情况综合考虑。

【例 2—4】 对于“调查了解某校学生的视力状况”这个题目，可以采用普查方式，也可采用抽样调查的方式，要根据时间和学生的具体情况而定。如果采用普查的方式，调查对象是该校的所有学生，调查单位是该校的每一位学生。如果采用抽样调查的方式，调查对象是该校的所有学生，调查单位是被随机抽中的每一位学生。

无论采用哪种调查方式，在调查的时候均可把直接观察法、报告法、采访法等几种方法结合起来使用。

【例 2—5】“第六次全国人口普查”这个题目中的调查对象是普查标准时点在中华人民共和国境内的自然人以及在中华人民共和国境外但未定居的中国公民，不包括在中华人民共和国境内短期停留的境外人员。调查单位是普查对象范围内的每一个人。调查方式是普查，调查方法是入户访问，现场采集填报确认。

四、确定调查项目和调查表

调查项目就是向调查单位进行调查时要登记的各种标志。

调查表就是将所要调查的项目按照一定顺序排列而形成的表格。调查表有单一表和一览表两种，一张表上只登记一个调查单位情况的调查表称为单一表，调查项目多且内容繁杂时用单一表；一张表上登记多个调查单位情况的调查表称为一览表，调查项目比较少、内容比较简单时适合用一览表。

为了确保调查资料的全面准确，有些不宜或不便在表格中列出的内容，可以在表格下方注明，包括填表说明、各个项目的解释、数据的计算方法、填报时间、填报人、审核人等。

【例 2—6】 针对“调查了解某校学生的视力状况”这个题目，选择姓名、性别、双眼裸视度、使用过的护眼方法这几个项目调查可以达到调查的预定目的。

这个题目的调查项目较少，因此适用一览表形式的调查表，见表 2—5。

表 2—5 **学生视力状况调查表**

序号	姓名	性别	双眼裸视度	使用过的护眼方法
1	(1)	(2)	(3)	(4)
2				
…				

【例 2—7】“调查本校学生对学校伙食的意见和要求”这个题目，应主要包括姓名、性别、是否住校及其对学校食堂卫生、饭菜质量等多方面情况的意见或建议。

这个题目的调查项目和内容比较多，可以用单一表，一张表上只登记一位学生的意见，见表 2—6。

表 2—6 学生对学校伙食意见征询表

被调查学生姓名（ ） 性别（ ） 是否住校（ ）

调查项目	满意	基本满意	不满意	建议
（甲）	（1）	（2）	（3）	（4）
1. 卫生方面				
2. 饭菜品种				
3. 饭菜质量				
4. 饭菜数量				
5. 饭菜价格				

注：①文字表述要具体、简洁。

②（1）（2）（3）栏可用“√”回答。

五、确定调查的时间和期限

调查的时间是指调查资料所属的时间，调查的期限是指完成调查任务所需要的工作时间。

【例 2—8】“调查了解某校学生的视力状况”这个题目，调查时间定在实际测量的时间比较合适。具体来讲，姓名、性别、双眼裸视度、使用过的护眼方法等项目要搜集的资料是实际调查测量时的状况。

完成这个项目的调查期限，要根据学校学生人数以及可利用时间的多少而定，假设有 2 000 多名学生，从制订方案到形成调查报告，如果安排得当，有一周时间可以完成。

【例 2—9】 我国第六次人口普查的标准时点是 2010 年 11 月 1 日 0 时，这意味着人口数量、人口的状况都以这个时间点的状况为准。而调查期限则指人口普查组织实施的期限，此次人口普查工作大致可分为普查准备、登记和复查、数据处理和公布三个阶段，期限在 4～5 年。

想一想?

调查2008 年 5 月 12 日汶川地震伤亡损失情况，调查时间和期限应该怎么确定?

六、拟定调查的组织实施计划

为了确保统计调查的顺利实施，调查方案还应包括开展调查的具体安排，也称组织实施计划，以便调查人员协调行动。除去上面所列各事项以外的安排都应包括在计划内，主要有：①组织领导机构；②调查人员的构成及分工；③调查前的宣传、培训、资料、表格、费用、设备、专业软件开发等各项准备工作；④各阶段的时限及工作进度；⑤调查方案的制订、下达、试点、总结及完善等各项工作。

【例 2—10】 承例 2—2 中的题目做一份完整的统计调查方案。

“调查了解本校学生的视力状况”统计调查方案

1. 确定调查目的和任务

目的：为了督促或警示同学们科学合理地用眼、护眼。

任务：调查本校学生的视力状况和护眼方法。

2. 确定调查对象、调查单位、调查的方式及方法

调查对象：本校本期注册的所有学生。

调查单位：本校本期注册的每一位学生。

调查方式：采用普查方式。

调查方法：实际测量与个人现场报告相结合的方法。

各班可以利用班会、自习课或者课外活动时间集中采集资料。搜集资料的具体做法可以分以下三个步骤：①组织学生按名册顺序依次在班里报告调查表中的第（2）（3）（5）三项，一人报，大家做记录。②组织学生按照上述顺序实际测量裸视度（双眼一起测量)。③对于搜集到的原始资料，以班为单位整理之后，交学生处或统计研究小组汇总。

3. 确定调查的项目和表格，见表 2—7。

表 2—7　　本班学生视力状况调查表

序号	姓名	性别	双眼裸视度	使用过的护眼方法
(1)	(2)	(3)	(4)	(5)

4. 确定调查的时间和期限

调查时间：本学期开学以来的情况（资料所属的时间)。

调查期限：开学第二个月的第二周（完成调查工作的期限)。

5. 组织实施

(1) 此项活动由学生处或者统计研究小组根据课时计划统筹安排，每个班找一名学生负责，两名学生协助，组织安排本班的具体调查。

(2) 由学生处或统计研究小组统一负责为每个班准备一张视力表、一团胶带、一份调查表、一份汇总整理表、一份统计表。

(3) 各班的班主任提供必要的支持，统计课教师、统计活动小组的成员应给负责此项活动的学生以简单的培训。活动结束后，由负责本次活动的学生安排人员把搜集到的资料汇总、整理并上交给学生处或统计研究小组。

(4) 由学生处或统计研究小组汇总全校各班的资料，根据调查资料撰写调查报告，

并将调查报告提供给相关部门、发布给广大学生供参考。

课堂讨论

分小组讨论制订调查方案。

调查题目：了解本校学生对课外活动的要求。

第三节　统计调查问卷的设计

问卷调查是以问卷的形式提出问题，并通过被调查者自愿回答来搜集资料的调查方法，这种方法简单灵活、易于操作，因此被广泛采用。

问卷调查能否收到预期的效果，受到调查者的工作态度、交流技巧、耐心等因素的影响。同时，问卷的设计是否科学合理、是否符合被访问者的心理也是非常重要的因素。

一、调查问卷的类型

调查问卷是由一系列相关的问题经科学合理的设计组成的表格或者答题纸。根据不同的标准，调查问卷可以分为若干类型，见表 2—8。

表 2—8　统计调查问卷类型

划分标准	问卷类型	含义
按搜集资料的方式划分	访问问卷	根据调查的目的和要求，把调查项目拟成问题，向被调查者提问，根据被调查者的回答来获取资料的问卷
	邮寄问卷	将设计好的问卷邮寄给被调查者，由被调查者填写以后再寄回
按问卷的结构划分	无结构问卷	问卷的内容较为松散简单，无须按严格的顺序排列的问卷。调查者将要调查的内容拟成问题，但不列出备选答案，由被调查者自由作答
	结构型问卷	问卷内容较为严密或复杂，需要按照一定的顺序排列的问卷。调查者将要调查的内容拟成问题，按照一定的顺序排列出来，并且列出备选答案，由被调查者根据自己的认知能力作答
按调查问卷的提问方式划分	封闭型问题问卷	在问卷上同时列出问题和各备选答案，被调查者只能在备选答案中选出一项或多项的问卷。备选答案的类型可以归纳为定类型、定序型、定距型等
	开放型问题问卷	问卷上仅给出问题，不列出备选答案，由被调查者自由表达自己的看法

1. 开放型、无结构问卷

开放型、无结构的问卷设计比较简单，适合于一些探讨性的、需要广泛讨论的问题。这种问卷只给出问题而不给出备选答案，所搜集的信息将是多方面的，便于广泛地了解被调查者的意见或想法，但不便于后期资料的整理和分析。

【例 2—11】 开放型、无结构问卷

您对社区文明建设有什么看法和建议？

您对中学生提高身体素质有什么好建议？

2. 封闭型、有一定结构的问卷

封闭型、有一定结构的问卷事先设计好问题及备选答案，既方便调查又方便后期的资料整理。这种形式的问卷适用于一些答案相对比较少，并且答案有一定尺度或标准的问题。

(1) 封闭型定类问题问卷

封闭型定类问题问卷把问题按照类型排列，同类型的问题放在一起，并且会给出多项答案，各项答案有本质的差别或者互相排斥。

【例 2—12】 封闭型定类问题问卷

最近的这个暑假您去打工了吗？

去了□　　　　没有去□

实习工作单位的师傅对您是否关心？

冷漠□　　　　一般□　　　　很关心□　　　　无所谓□

实习对您的专业课学习是否有帮助？

有很多□　　　　有一些□　　　　没有□　　　　专业不对口□

(2) 封闭型定序类问题问卷

封闭型定序类问题问卷把要问的问题以及每个问题的备选答案都按照一定的顺序排列，以方便提问和回答。每个问题的备选答案之间有互相排斥的也有不互相排斥的。

【例 2—13】 封闭型定序类问题问卷

您对学校食堂饭菜的质量、价格、品种、服务态度看法如何？

满意度 项目	满意	基本满意	不满意	无所谓
质量				
价格				
品种				
服务态度				

(3) 封闭型定距类问题问卷

有些问题被调查者说不太准确或者对于一些比较敏感的问题，被调查者会担心隐私被泄露而不配合调查，为了避免这种情况，可以用封闭型定距类问题问卷搜集资料。

【例 2—14】 封闭型定距类问题问卷

您认为一般工薪家庭买什么价位的轿车比较适宜？

5 万～10 万元	10 万～30 万元	30 万～50 万元	50 万～100 万元	100 万元以上

二、调查问卷的结构和内容

一份调查问卷一般由说明词、问题与答案、结尾三个部分组成。

1. 说明词

说明词也称作问卷说明，主要内容包括：①调查组织者的身份及合法性；②问卷调查的目的、意义；③调查资料的保密性和安全性；④对被调查者的支持与配合给予的奖励或应表达的谢意。

安排问卷说明主要是为了让被调查者了解调查意图，消除其顾虑，并赢得他们的支持和配合，保证问卷调查的顺利进行。

说明词在文字上要简洁、准确，语气要诚恳。

【例 2—15】 中秋月饼调查问卷说明词

您好！打扰您了，我们是××××学院统计研究小组的学生，利用课余时间对中秋月饼做些统计调查，想征求您对中秋月饼的一些看法，希望您能给我们提供些帮助，谢谢！

2. 问题与答案

问题与答案是问卷的主体，应给予足够的重视和精心的设计。为了使调查能够取得预期效果，应主要考虑提出哪些问题以及怎么提问。具体设计步骤是：

首先，设计问卷要问的问题。需要问哪些问题应结合调查目的、被调查者的接受程度来定，可以先把与调查目的相关的问题罗列出来，逐一分析哪些问题既能达到调查目的又比较容易搜集到第一手资料，然后把这些问题保留下来，进一步设计成表格或者其他形式的问卷。

其次，对于保留下来的问题恰当地安排顺序，以便被调查者容易接受和回答。这一点对于封闭型、结构型问卷尤其重要。实际工作中应注意以下原则：

(1) 不同性质问题分开排，同一类问题连在一起排。

(2) 简单容易回答的问题排在先、复杂疑难问题排在后。

（3）近期的问题先排、远期的问题后排。

（4）熟悉的问题先排、生疏的问题后排。

【例 2—16】 承例 2—15 中秋月饼调查问卷的问题与答案

1. 您知道中秋节的意义吗？

A 知道　　B 知道一些　　C 听说过　　D 不知道

2. 您今年中秋节买月饼、吃月饼了吗？

A 买了吃了　　B 买了没吃　　C 没买吃了　　D 没买没吃

3. 您希望月饼是什么形状？

A 圆形　　B 心形　　C 卡通型　　D 无所谓

4. 您喜欢什么馅的月饼？

A 五仁　　B 蛋黄　　C 豆沙　　D______

5. 您喜欢什么口味的月饼？

A 甜的　　B 咸的　　C 甜咸味　　D______

6. 您一般喜欢吃什么价位的月饼？（元/500 克）

A 20 元以下　　B 20～40 元　　C 40～80 元　　D 80 元以上

7. 您对月饼的包装有哪些要求？

A 简单　　B 华丽　　C 精致　　D 无所谓

3. 问卷结尾

问卷结尾部分主要包括：①问卷收回的时间、地址、填写或回答的要求、问卷中一些项目的解释、是否给予被调查者奖励及奖励的具体事项；②被调查者的情况（主要便于调查资料的分类整理和分析）；③调查者的情况（主要便于明确责任和查询）。

【例 2—17】 承例 2—16 中秋月饼调查问卷的结尾部分

为了便于研究，我们想麻烦您提供些个人的相关信息。

A 年龄　　B 性别　　C 民族

祝您身体健康，阖家幸福！再次谢谢您的支持！

调查问卷设计的原则要求在实际工作中不能机械照搬，应根据具体问题灵活应用，以便收到最佳效果。

课堂讨论

说说下面两个题目调查问卷的说明词和结尾语。

1. 调查本校学生对课外活动的要求。

2. 调查某居民小区对创建卫生文明城市的看法。

逻辑简图

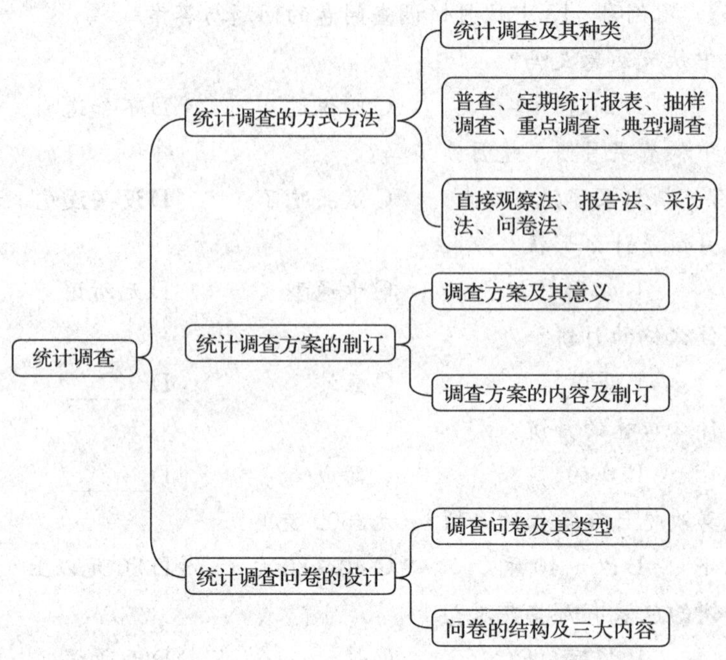

思考与练习

一、简答题

1. 统计调查可以按照哪些标准分为哪些种类?
2. 如何确定调查目的和任务?
3. 如何确定调查项目和表格?
4. 设计问卷主体应注意哪些问题?

二、实训题

1. 调查本班学生的基本情况。
2. 调查本班学生上月生活费支出情况。
3. 调查本生活区 16 周岁以上的居民对中秋月饼的看法。
4. 调查本班学生双眼裸视状况及护眼方法。
5. 自定特别感兴趣的题目做调查。

第三章 统计整理

学习目标

- 了解统计整理的步骤
- 掌握统计资料审核订正的方法
- 掌握统计分组的原则、方法
- 掌握统计汇总的技术方法
- 熟悉统计图、统计表的种类和结构
- 掌握统计图、统计表的设计和制作

统计整理是根据统计研究的目的，对大量的原始调查资料进行分组、汇总，使其系统化、条理化的过程。

统计整理是统计研究过程中承前启后的一个环节。在统计调查阶段，搜集到大量零散的第一手资料，这些资料只能说明某一个调查单位的某些情况，并不能说明被研究现象总体的本质特征。例如，通过“调查了解某校学生的视力状况”，能得到 2 000 名学生的双眼裸视度等相关资料。但是，这些资料不经加工整理是无法说明某个学校学生整体视力状况的。

统计整理一般包括以下几个步骤：第一步，对统计调查资料进行审核与订正；第二步，对审核订正后的资料进行科学的分组；第三步，对分组后的资料进行汇总和计算；第四步，将汇总后的统计数据编制成统计表或绘制成统计图。

第一节 资料的审核与订正

审核订正原始资料是统计整理过程中必需的程序。

一、审核的内容及方法

对原始资料的审核，主要是审核原始资料的准确性、及时性和完整性，具体内容及方法见表 3—1。

表 3—1　　调查资料审核的内容及方法

审核项目	审核的具体内容	审核的方法
准确性	主要审核原始资料是否真实、可靠，这是原始资料审核的重点	逻辑检查：各个项目之间是否符合逻辑，有无相互矛盾 计算检查：各项数字的计算方法、口径、结果、平行关系等方面是否有错
及时性和完整性	及时性和完整性的审核，主要审核是否有迟报的单位，未报的项目	利用单位目录逐一查验核对应报单位是否齐全；逐一核对每份资料所有数据是否齐全

二、订正的要求

对于原始资料审核出的问题或差错进行订正的方法见表 3—2。

表 3—2　　订正差错的方法

项目	处理办法
一般性错误	可代为更正，并向原上报资料的单位通报、纠正、核对
可疑之处或无法代为更正的错误	通报原上报单位复查更正
雷同的错误	通报已报的各个单位纠错，通知尚未报出的单位注意避免
严重的错误	返还原报单位重报，查明原因追究相关人员的责任

第二节　统 计 分 组

统计调查资料经过审核订正以后，需要对审核过的资料进行分组。统计分组就是根据统计研究的目的和被研究现象的特征，选择一定的标志把总体分成若干性质不同的组。统计分组是一种非常重要的统计研究方法，有着十分广泛的作用，也是统计整理的核心内容。

一、统计分组的作用和原则

1. 统计分组的作用

统计分组在分析认识事物时的作用主要有以下几个方面：

(1) 划分客观现象的类型

通过统计分组，可以把不同性质、不同类型的事物区别开，以便对各类现象数量差异和本质特征进行认识。例如，把社会再生产过程分为生产、分配、消费等环节，然后研究各个环节的现状及关系，以便统筹兼顾整个再生产过程的协调发展。

(2) 研究现象的内部结构

事物的性质主要取决于其内部结构，通过分组和计算，可以认识和分析事物的性质。例如，我国六次人口普查中人口的年龄结构见表3—3。

表3—3 我国六次人口普查中各年龄组人口占总人口的比重一览表 单位：%

按年龄分组（岁）	1953年	1964年	1982年	1990年	2000年	2010年
0～14	36.28	40.69	33.59	27.69	22.89	16.6
15～64	59.31	55.75	61.50	66.74	70.15	74.53
65以上	4.41	3.56	4.91	5.57	6.96	8.87
合计	100	100	100	100	100	100

资料来源：《中国统计年鉴2009年》《第六次全国人口普查主要数据公报（第1号）》。

通过表3—3中的分组数据可以看到，2010年我国人口中1～14岁的人口所占比重是16.6%，65岁以上的人口所占比重是8.87%，我国即将进入老年型的人口结构。

知识窗

人口结构的类型

按照国际标准，0～14周岁的人称为少儿，15～64周岁的人称为成年人，65岁以上的人称为老年人。老年人占比重在5%以下，少儿人口占比重在40%以上的，称为年轻型人口结构；老年人占比重在5%～10%，少儿人口占比重在30%～40%的，称为壮年型人口结构；老年人占比重在10%以上，少儿人口占比重在30%以下的，称为老年型人口结构。

(3) 统计分组与时间数列相结合反映现象的发展变化过程及趋势

例如，对于我国人口结构的变化过程，从表3—3中可见。我国从1953—2010年的近60年中，人口结构从年轻型到壮年型再到老年型的转变过程和趋势。

(4) 分析现象之间的依存关系

许多客观现象之间都有着密切的关系，例如，施肥量与亩产量的关系，施肥量增多，亩产量会随之提高，但如果不加限制地一直提高施肥量，农作物将会受到损害，亩产量则会随之下降。把不同的施肥量与其亩产量结合起来分组，可以观察和分析两者之间的关系。

2. 统计分组的原则

(1) 所分的各组内部有同质性，组与组之间有本质上的差异性

表3—3中把我国人口按照年龄所分的三个组，符合这个原则，有利于问题的分析和研究。

(2) 分组的完整性和归属的唯一性

每一个总体单位都能分到一个组并且只能在一个组。例如，按照学生的考核成绩分三个组：60以下、60～80、80～100。60分按照该原则只能在第二组，而不能既在第一组，又在第二组。59.9、79.99分别在第一组和第二组而不能因其是小数而分不到任何组中。

简单来讲就是要同时满足组内有同质性、组间有差异性，不重不漏这两个原则要求。

二、统计分组的步骤和方法

统计分组的步骤是：选择分组标志→确定各组界限→选择合适的分组体系→利用整理表对总体进行分组整理汇总。

1. 选择分组标志

统计分组首先要正确选择分组标志。分组标志是将总体划分为性质不同的组别的依据或标准。分组标志的选取原则包括以下几个方面：

(1) 选择与统计研究目的和任务密切相关的标志，与研究目的无关或关系不密切的标志不应该选。

(2) 在多个与研究目的相关的标志中选择最能反映现象本质特征的标志。

(3) 对于同样一个问题，在不同的条件下注意选择不同的标志。

【例3—1】 要研究“某校某班本学期学生的学习状况”，有许多反映学生特征的标志可供选择，比如学生的姓名、性别、年龄、身高、体重、出勤情况、按时交作业情况、课堂活动表现、师生评价情况、考核成绩等。在这10个标志中，姓名、性别、年龄、身高、体重5项与学习状况无关的标志不能选。出勤情况、按时交作业情况、课堂活动表现、师生评价情况、考核成绩5项与学习状况有关的标志可以选，而在这5个有关的标志中，在正常的教学、考核条件下，最能综合反映学生学习状况的标志是“考核成绩”这个标志。因此这个研究题目中，选取“考核成绩”对学生进行分组就是相对正确的选择。

【例3—2】 要研究“企业规模”这样一个问题，不同的历史条件下应选择不同的标志，在技术比较落后的历史条件下，可选择“企业人数”作为分组标志；在技术发达的历史条件下，可选择“产值”“营业额”或者“纳税额”等标志。要研究“地区经济发展”这个题目，在过去几十年中我们看重的是“GDP总量”，而在全面实现小康社会的现在，我们看重的是“人均GDP”的变化。

2. 确定各组的界限

各组的界限是指每一组的确切范围。确定各组界限要满足“组内有同质性、组间有差异性，不重不漏”这两个分组的原则要求。

对统计总体进行统计分组，有按照品质标志进行分组和按照数量标志进行分组两大类情况。

【例 3—3】 人口按“性别”进行分组，分为男、女两个组。商品按照“用途”分组，可分为生活用品、生产经营用品、其他用品三个组；如果按照“商品性质”则可分为工业产品、农副产品两组。国民经济按照“行业”分组，企业按照“所有制”分组等，均属按照品质标志分组。

在按照品质标志分组时，有的比较简单，有的就比较复杂。如例 3—3 中的人口按“性别”分组就比较简单，如果人口按照“职业”分就比较复杂，可分为农民、工人、学生、其他四个组。但是，一位成年人一年中有一半时间种地，另一半时间外出搞机械维修，那么这位成年人是工人还是农民？糯米是农产品，用现代化机器做成的糯米酒是工业品，但是，有个体户用手工做成的糯米酒是工业品还是农副产品？类似的问题有许多，对于这些比较复杂的分组，我们国家相关部门制定有统一的分类标准，标准中规定了每一类别的内涵与外延，在统计分组时可以遵照执行。

知识窗

恩格尔系数

恩格尔系数是表示生活水平高低的一个指标，其计算公式如下：

$$恩格尔系数=\frac{食物支出金额}{总支出金额}$$

在总支出金额不变的条件下，恩格尔系数越大，说明用于食物支出的金额越多；恩格尔系数越小，说明用于食物支出的金额越少。

一般来说，在其他条件相同的情况下，恩格尔系数较高，作为家庭来说则表明收入较低，作为国家来说则表明该国较穷；反之，恩格尔系数较低，作为家庭来说则表明收入较高，作为国家来说则表明该国较富裕。因此，恩格尔系数是衡量一个家庭或一个国家富裕程度的主要标准之一。

【例 3—4】 学生如果按照“考试成绩”分组可分为 60 以下、60 分以上两组；也可分为 30 分以下、30～60、60～75、75～90、90 分以上五个组。居民的生活水平根据恩格尔系数可分为六个组：大于 60％为贫穷，50％～60％为温饱，40％～50％为小康，30％～40％属于富裕，20％～30％为相对富裕，20％以下为极其富裕。企业规模按照“营业额”“资产额”分组，农耕地按照“亩产量”分组等，这些都属于按照数量标志分组。

在按照数量标志分组时，确定各组的数量界限尤为关键。实际工作中有国际标准的按照国际标准，有国家标准的按照国家标准，上述标准都没有的，要根据研究目的和情况分组，并且要符合“组内有同质性、组间有差异性，不重不漏”的原则。

3. 选择合适的分组体系

分组体系是根据统计研究的需要，同时按照两个或两个以上的标志对总体进行分组时所采用的分组形式。分组体系有由多个简单分组形成的平行分组体系和复合分组体系两种。

【例 3—5】 承例 2—16，对所搜集到的中秋月饼的调查资料进行简单平行分组，见表 3—4。

表 3—4　　　　中秋月饼调查资料简单平行分组表

按照月饼的品种分组				按照月饼的价位分组（元/500 克）			
五仁	蛋黄	豆沙	其他	20 以下	20～40	40～80	80 以上

这种分组形式是在每一次选定一个标志后把总体单位全部分到各个组，其分组方式比较简单，称为简单分组。为了对事物进行多角度的分析，通常会同时选择两个或两个以上的标志对资料做简单分组，并把它们做平行排列。这种分组形式的最主要特点是，每一次分组都要把总体单位全部分完。例如，表 3—4 按照“品种”“价位”这两个标志分组，假如共搜集到 200 名被访者的资料，那么按照“品种”所分的四个组合计人数是 200 人，再按照“价位”所分的四个组合计人数也一定是 200 人。

复合分组体系是选择两个或两个以上的标志，并将其层叠起来对总体进行分组所形成的分组形式。

【例 3—6】 承例 2—16 对所搜集到的中秋月饼的调查资料进行复合分组，见表 3—5 和表 3—6。

表 3—5　　　　中秋月饼调查资料复合分组表 1　　　　单位：元/500 克

五仁				蛋黄				豆沙				其他			
20 以下	20～40	40～80	80 以上	20 以下	20～40	40～80	80 以上	20 以下	20～40	40～80	80 元上	20 以下	20～40	40～80	80 以上

表 3—6　　　　中秋月饼调查资料复合分组表 2

性别 / 年龄 / 品种	男				女			
	40 岁以下	40～60 岁	60 岁以上	人数小计	40 岁以下	40～60 岁	60 岁以上	人数小计
五仁								
豆沙								
蛋黄								
其他								
合计								

表 3—5 采用“品种”与“价位”两个标志层叠分组，表 3—6 采用“品种”“性别”“年龄”三个标志层叠分组。这种分组形式称为复合分组，为了对事物深入细致地分析研究，通常会采取这样的形式。这种分组形式的最主要特点是几个标志层叠起来分，每一次分组所分的单位数越来越少。

在实际工作中究竟是选择简单平行分组还是选择复合分组形式，主要看研究问题的需要，从表 3—6 可以看到，选择的标志越多表格越复杂，所以，复合分组每次不易选取过多的标志。但是，如果确实需要，可以分几次做几个表格来完成，这样既避免了层叠分组过多带来的麻烦，又满足了实际需要。

想一想?

例3—6 中，我们选择“品种”“性别”“年龄”“价位”四个标志做复合分组，会得到什么样的表格?

4. 利用整理表进行分组整理

在完成以上三个步骤以后，即可利用整理表和统计表对资料进行详细的分组整理。分组所使用的整理表和统计表的样例见表 3—7、表 3—8。

表 3—7　　中秋月饼调查资料简单分组整理表

品种	五仁	蛋黄	豆沙	其他	人数合计
划记栏					
人数合计					

如果要对中秋月饼调查资料做复合分组整理也可使用表 3—5、表 3—6 进行，中间的各个空格作为划记栏即可。表 3—7 只有划记栏，只能整理总体单位数的分组资料，有时还需要整理出各组的标志总量，可以参考用表 3—8 这样的整理表。

表 3—8　　某校学生视力状况调查资料简单分组整理表

按照裸视度分组	人数划计栏	人数小计	裸视度过录栏	裸视度合计
合计				

分组整理表完成以后，需要把整理表简化美化，以便于进一步计算和分析。规范的统计表样例见表 3—9、表 3—10。

表 3—9　　中秋月饼调查资料统计表

品种	五仁	蛋黄	豆沙	其他	人数总计
人数合计（人）					

表 3—10　　　　本校学生视力状况统计表

按照裸视度分组	各组人数小计	各组裸视度合计
合计		

三、分配数列的编制

大量零散的调查资料经过分组整理，形成了总体单位在各组间的分布状况，这种分布状况称作次数分布，也叫分配数列。

1. 分配数列的种类和构成

分配数列有两种，按照品质标志分组形成的数列叫作品质分配数列，按照数量标志分组形成的数列叫作变量数列（数量标志或同名指标也被称作变量）。无论哪一种分配数列都由两个要素构成，见表 3—11、表 3—12，假设经过分组得到表中的数据。

品质分配数列的两个构成要素：各组名称、各组次数（或频数）见表 3—11。

表 3—11　　　　中秋月饼调查资料统计表

	品种	五仁	蛋黄	豆沙	其他	人数总计
各组名称→						
各组次数→	人数合计（人）	100	30	30	40	200

变量数列的两个构成要素：各组变量值、各组次数（或者频数）。如果把次数或频数计算成频率或比重，那么频率或比重与各组变量值组合，也同样称作分配数列，见表 3—12。

表 3—12　　　　某校学生视力状况统计表

按照裸视度分组	各组人数小计	各组人数比重（%）
0.5 以下	300	15
0.5～1.0	1 000	50
1.0～1.5	500	25
1.5 以上	200	10
合　计	2 000	100
↑ 各组变量值	↑ 各组次数	↑ 各组频率

2. 品质分配数列的编制

品质分配数列的编制步骤为：审核资料、分组整理汇总资料、制作统计表形成数列。

在编制品质分配数列时要特别注意，各个不同性质的组，内涵要确切，外延要全面、明晰，也就是各个组要给出一个确切的定义和具体的包括范围。

3. 变量数列的编制

(1) 变量数列的种类

变量数列是按照数量标志进行分组后形成的次数分布。变量数列有单项式和组距式两种。

表 3—13 中对某中职学校的 3 000 名学生按照“年龄”分四个组，每一个组只有一个变量值，即 15、16、17 或 18，这样的数列称作单项式变量数列。

表 3—13　　某中职学校 3 000 名学生统计表

年龄	人数（人）	各组所占比重（%）
15	800	27
16	1 000	33
17	900	30
18	300	10
合计	3 000	100

表 3—14 中对某钢琴培训班的 50 名学生（5～65 岁）按照“年龄”分组共分四个组，每一个组有若干个变量值，即 7 岁以下、7～12 岁等，这样的数列称作组距式变量数列。

表 3—14　　某钢琴培训班的 50 名学生统计表

年龄	人数（人）	各组所占比重（%）
7 岁以下	10	20
7～12	20	40
12～18	10	20
18 岁以上	10	20
合计	50	100

(2) 确定变量数列的形式

编制变量数列首先要确定是编制单项式还是编制组距式。如果变量值的变动范围小，则适合编制单项式；如果变量值的变动范围大，则适合编制组距式。例如表 3—13 显示的情况，某校学生虽然有 3 000 名，其数量远远大于表 3—14 中某钢琴班的 50 名学员。但是这 3 000 名学生的年龄都在 15～18 岁，年龄变化不大，因此适合编制单项式变量数列。而某钢琴班 50 名学生的年龄变化范围从 5～65 岁，如果编制单项式需要分很多组，不便于对问题进行分析研究，因此适合编制组距式变量数列。

(3) 单项式变量数列的编制

单项式变量数列的编制方法比较简单，把资料中出现的不同的变量值列出来，从小到大排列后，按照分组整理的步骤方法进行整理。

(4) 组距式变量数列的编制

组距式变量数列的编制稍微复杂一些，与组距式变量数列相关的术语包括全距、组距、组限（下限、上限)、组中值，等距离、异距离，开口式、封闭式，离散型、连续型。

这几组术语的含义及计算可通过分析表 3—14 来说明。

全距＝数列中最大值－最小值，例如表中全距为 65 岁－5 岁＝60 岁。

组距＝每一组中的最大值（上限）－每一组中的最小值（下限)，例如表中第二组组距＝12－7＝5；第三组组距＝18－12＝6。

组中值＝（各组的上限＋下限）÷2，第二组的组中值＝（12＋7）÷2＝9.5；第三组的组中值＝（18＋12）÷2＝15。

如果各个组的组距相等则称为等距离，如果不等则称作异距离。通过上面的计算可知表 3—14 是异距数列。

开口式是指数列的最大值组缺上限或者最小值组缺下限。表 3—14 中最大值组和最小值组均是这种情况，所以这个数列称作全开口式数列。与这种情况不同的，称作全封闭式或半封闭式数列。

计算开口组组中值时，以其相邻组的组距为这一组的组距，先补上所缺的上限或者下限值，然后再计算组中值。例如，计算表 3—14 中第四组的组中值，先补该组上限的数据 18＋6＝24，计算组中值＝（18＋24）÷2＝21。同样可计算出第一组组中值是 4.5。

从上面的计算中可以看出，开口组计算的组中值有一定的假设成分。

组距式变量数列的编制步骤和方法通过例 3—7 来说明。

【例 3—7】 假如调查得到某校某班 50 名学生双眼裸视度的资料如下，根据资料编制组距式变量数列。

0.4	0.2	0.8	1.0	1.2	0.2	0.1	1.5	1.2	0.1
0.5	0.4	0.6	0.8	1.2	1.0	1.5	0.12	0.25	0.6
0.8	1.0	1.2	1.2	0.8	1.5	1.2	1.2	0.6	0.12
0.6	0.6	0.8	0.5	0.6	1.5	1.2	1.0	0.8	0.8
2.0	1.5	1.5	2.0	0.15	2.0	1.2	2.0	1.5	2.0

第一步确定组数。要根据研究目的确定适量的组，同时确保组与组之间有质的差别。如果为了选拔射击选手或者飞行员，那么分 2.0 以上、2.0 以下两组即可。如果为

了排座位，分三组即可：0.5以下、0.5～1.0、1.0以上。本例是为了了解学生的视力状况，促使大家科学合理用眼，因此可分四个组：高度近视组（0.5以下）、中度近视组（0.5～1.0）、正常组（1.0～1.5）、超常组（2.0）。

第二步确定组限。先根据变量的性质确定相邻两组的上下限是否重叠。对于连续型变量一般要求重叠，即相邻两组的上下限用同一个值（若变量值无小数可例外），以防止分组时遗漏单位，见表3—15；离散型变量一般不重叠，相邻两组上下限用顺序的两个自然数，见表3—17。为防止重复分配，对于正好位于相邻两组上下限的单位，遵循“就高不就低”的原则，将其划分到较高组，例如，表3—15中的0.5就划到第二组，1.0则划到第三组。然后根据变量值的离散程度，决定最大组和最小组是否开口。离散程度大的需要作为开口组。例如，50名钢琴班学员的年龄最小值、最大值都比较分散，因此适合用开口式，见表3—14。

第三步利用整理表划记、过录原始资料，汇总各组的次数及标志值，见表3—15、表3—16。

表3—15　　　某校某班50名学生按照裸视度分组整理表

裸视度（小数）	划记栏	视力过录栏
0.5以下	正正	0.4、0.2、0.2、0.1、0.1、0.4、0.12、0.25、0.12、0.15
0.5～1.0	正正正	0.8、0.5、0.6、0.8、0.6、0.8、0.8、0.6、0.6、0.6、0.8、0.5、0.6、0.8、0.8
1.0～1.5	正正正正	1.0、1.2、1.5、1.2、1.2、1.0、1.5、1.0、1.2、1.2、1.5、1.2、1.2、1.5、1.2、1.0、1.5、1.5、1.2、1.5
2.0	正	2.0、2.0、2.0、2.0、2.0
合计	—	47.54

第四步制作统计表并做简要说明。

表3—16　　　某校某班50名学生按照裸视度分组统计表

裸视度	人数合计	各组视力合计
0.5以下	10	2.04
0.5～1.0	15	10.2
1.0～1.5	20	25.3
2.0	5	10.0
合计	50	47.54

从表3—16可以看出，该班有一半学生有不同程度的近视，应引起大家的关注和重视。

表3—16是一个连续型等距离半开口式变量数列。这个数列的分组标志为“裸视

度”，其测量标准有些特殊，因而这个数列在编制时做了一些灵活处理，但并不违背分组的原则要求，在实际工作中是可取的。

组距式变量数列的编制一般要经过上面所讲的四个步骤。在平时的工作中会经常遇到通过编制组距式变量数列来整理资料、理清思路的情况，见表3—17、表3—18。

表3—17　　　　工人按日产量分组统计表

日产量（件/人）	人数	各组人数所占比重（%）
5～10	5	10.9
11～15	14	30.4
16～20	18	39.1
21～25	3	6.5
26～35	6	13.1
合计	46	100

表3—17所示是一个离散型、异距离、封闭式变量分配数列。

表3—18　　　　学生按成绩分组统计表

成绩	人数	各组人数所占比重（%）
60以下	5	10
60～70	10	20
70～80	20	40
80～90	10	20
90～100	5	10
合计	50	100

表3—18所示是一个连续型、等距离、半开口式变量分配数列。

4. 分配数列的图、表显示及阅读

（1）统计表的显示与阅读

【例3—8】 某校某班50名学生专业课考核成绩次数分布的表格显示与阅读，见表3—19。

表3—19　　　　某校某班学生按照成绩次数分布分组统计表

按照成绩分组（分）	学生人数		向上累计		向下累计	
	人数（人）	比重（%）	累计（人）	累计（%）	累计（人）	累计（%）
（甲）	(1)	(2)	(3)	(4)	(5)	(6)
60以下	5	10	5	10	50	100
60～70	10	20	15	30	45	90
70～80	20	40	35	70	35	70
80～90	10	20	45	90	15	30
90～100	5	10	50	100	5	10
合计	50	20	—	—	—	—

根据表 3—19 中的数据，从（1）（2）栏可以看出某校某班学生专业课考核成绩 60 分以下（不及格）的有 5 人，占全班总人数的 10%，80～90 分的有 10 人，占全班人数的 20%；从（5）（6）栏可以看出，80 分及以上的人数累计 15 人，占全班人数的 30%；从（3）（4）栏可以看出 80 分以下（不包括 80 分）的人数累计为 35 人，占全班总人数的 70%。

知识窗

累计次数与累计比重（累计频率）的计算方法

按照变量值从小到大依次加总各组的次数或比重，称作向上累计；按照变量值从大到小依次加总各组次数或比重称作向下累计。简单讲，从小到大为向上累计，从大到小为向下累计。

（2）统计图的显示与阅读

利用统计条形图或者折线图来分析次数分布更直观生动一些。

【例 3—9】 某校某班 50 名学生专业课考核成绩次数分布的图示与阅读。

制作统计图来显示和分析次数分布，首先要计算相关的数据，见表 3—19，然后用计算机制作统计图。次数分配适合用条形图、折线图。

图 3—1 通过每一组柱形的不同高度更加清楚明晰地显示出某班 50 名学生按照成绩分组的状况：70～80 分的居多，60～70、80～90 分的均为 10 人，不及格的与 90～100 分的都是少量。在教学秩序正常的情况下，这种分布状况是常见的。

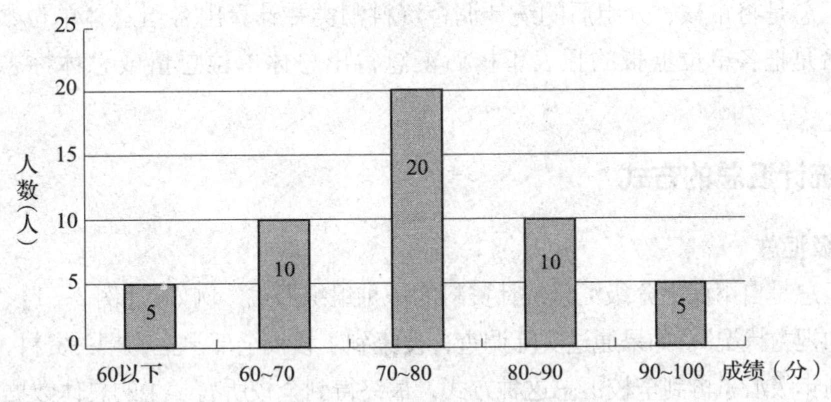

图 3—1　某班 50 名学生按照成绩分组柱形图

图 3—2 通过两条不同的折线显示出该班学生按照成绩分组累计分布状况。

“—■—”代表向下累计，“—◆—”代表向上累计，从图上可以直观地看到 80 分及以上的学生累计 35 人，80 分以下的学生累计 15 人。

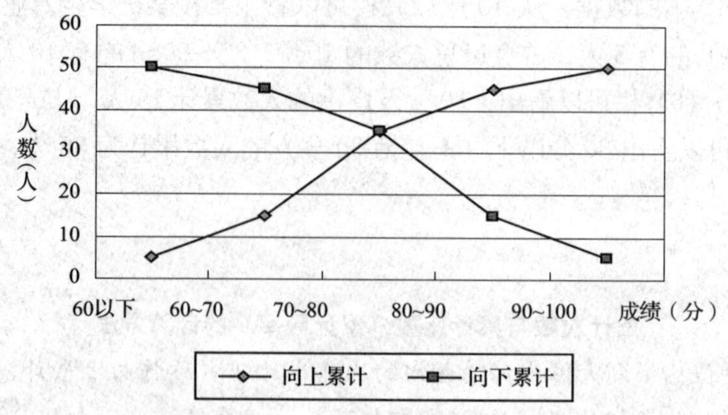

图 3—2 某班 50 名学生累计次数分布折线图

课堂活动

根据表 3—16、表 3—17 中的数据，试着用统计图、统计表来显示各组人数的分布情况。

第三节 统计汇总

统计汇总是将审核、分组后的统计调查资料归类并计算出各组总体单位数及各组标志值，或者是把各单位上报的报表审核后汇总得出总体单位总量或总体标志总量的过程。

一、统计汇总的方式

1. 逐级汇总

逐级汇总是自下而上分级汇总统计资料的一种组织形式，例如，【例 2—1】“调查了解本校学生的视力状况”，如果通过实际调查，搜集到了该校全部学生的相关资料，可以采用班级汇总到年级汇总再到全校汇总这种方式，最终得到全校所有学生的总体数据。

我国现行定期统计报表中的某些报表采用的就是这种汇总方式。综合报表依照基层单位、乡镇统计部门、县（市）统计局调查队、地（市）统计局调查队、省统计局调查总队、国家统计局等顺序逐级提供和汇总；专业报表依照基层单位、县（市）对口的专业局委统计部门、地（市）对口的专业局委统计部门、省一级负责该行业的厅委统计部门、国家级负责该行业的部委统计部门等顺序逐级提供和汇总。

逐级汇总方式便于就地对报表资料进行核对，能够及时满足各级政府和专业主管部门对统计信息的需要。但是，由于其中间环节较多，有时会影响到资料的时效性。

2. 集中汇总

集中汇总又称作超级汇总，是将所有的调查资料集中到组织调查的最高机构统一汇总的方式。例如，【例 2—1】“调查了解本校学生的视力状况”，可以将搜集到的该校全部学生的相关资料集中起来，利用学校的计算机统一汇总。这样做的效率虽然比逐级汇总要高一些，但是如果资料有错误，纠正错误将没有逐级汇总方便及时。

我国 2012 年开始全面实施的企业一套表，采用的是集中汇总的方式。为确保各基层单位数据输入的准确性，数据处理软件中设有自动审核功能。

3. 综合汇总

综合汇总是把逐级汇总、集中汇总两种方式结合使用的一种汇总方式。例如，【例 2—1】“调查了解本校学生的视力状况”，在搜集到该校全部学生的相关资料后，各班可以汇总各班所需的资料，同时这些资料还要集中到学校集中汇总。我国人口普查的资料即采用这种汇总方式。这种方式既方便了资料的审核，又保证了资料的及时性，但是费用比较大。

点拨

如何选择统计汇总方式?

几种统计汇总方式各有优缺点，如何恰当地选择和应用，应以确保汇总质量为目的，同时还要考虑各方面对统计信息的需要和汇总的现实条件。

二、统计汇总的技术和方法

1. 计算机汇总

统计汇总有计算机汇总和手工汇总两种技术。使用计算机汇总要经过编制和输入专门的应用程序、输入审核订正后的原始数据、利用计算机汇总计算数据、制作统计表格、通过输出设备打印汇总结果等步骤。使用计算机汇总具有速度快、精确度及效率都非常高的特点，广泛地使用计算机技术是统计研究的发展方向。

2. 手工汇总

在计算机比较普及的今天，手工汇总因其简单易行，仍然有一定的用途。

常用的手工汇总的方法有划记法、过录法、折叠法、卡片法等，见表 3—20。

表 3—20　　手工汇总的方法

方法	做法	应用
划记法	在事先设计好的汇总整理表上，按照各组的组限要求把总体各单位画“线”做记号，最后计算线的数目。通常用一个“正”代表五个单位	(1) 适合总体单位数的分组整理及汇总 (2) 零售商店里小件商品的销售记录常用这种方法

续表

方法	做法	应用
过录法	事先设计好整理表，将调查资料逐一过录到相应的组中，最后计算各组的数据	（1）适合汇总各单位的标志值 （2）总体单位数量过多时不宜使用
折叠法	审核表格形式与项目的调查资料后，将要汇总的某项指标数据分别折到表格同一栏边线上，依次叠放，进行汇总	（1）汇总定期综合报表、专业报表 （2）总体单位数量不多时适合用 （3）平时工作中也有用的，例如教师一次批阅多份珠算考卷
卡片法	将要汇总的项目逐一、集中摘录到特制的卡片上，最后汇总各组数据、填入统计表中	（1）总体单位较多、分组较复杂时比较方便 （2）平时使用这种方法积累资料

第四节　统计表和统计图

一、统计表

统计表是以纵横交叉的线条形成的用以表现统计数据的表格。广义的统计表包括统计调查表、统计汇总整理表、统计分析计算表等统计研究各个工作阶段使用的表格；狭义的统计表仅指表现统计整理结果的统计表。

用统计表来表现各种数据，具有条理清晰、一目了然、方便阅读，便于计算和分析，便于查、用和积累资料等优点。

1. 统计表的构成

统计表从外观上、内容上都由一些必要的因素构成，见表 3—21。

表 3—21　2010 年 11 月 1 日我国大陆人口统计表

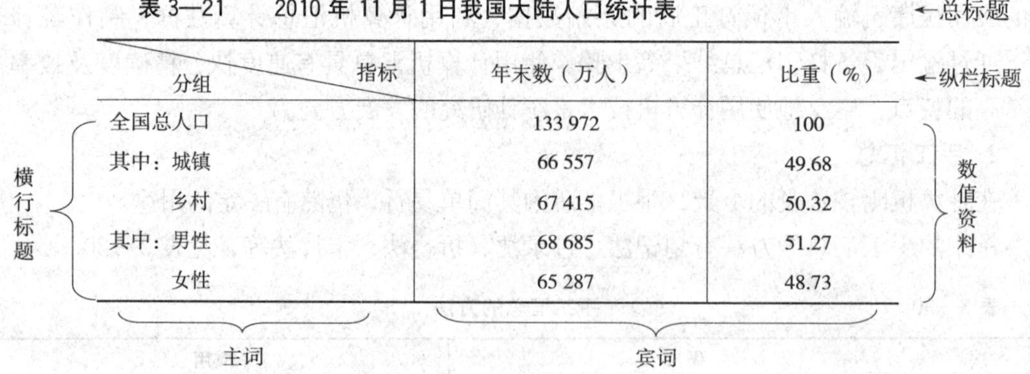

分组 ＼ 指标	年末数（万人）	比重（%）
全国总人口	133 972	100
其中：城镇	66 557	49.68
乡村	67 415	50.32
其中：男性	68 685	51.27
女性	65 287	48.73

资料来源：《2010 年第六次全国人口普查主要数据公报（第 1 号）》。

从外观看，统计表由总标题、纵栏标题、横行标题和数值资料四部分构成，每一部分都表明一定的内容并且有相对固定的位置。总标题是统计表的名称，说明表的内容，放在统计表上端中央位置；横行标题一般表明总体或者各组的名称（各组的变量值），放在表格的左边；纵栏标题表明每一栏的内容，放在表格内右上方；数值资料是各组的各项指标数值，放在纵横交叉的空格中。

点拨

表3—21“分组＼指标”这一个格表明什么内容？

这个位置很特殊，在简单的表格中它只表明横行标题，或者表明纵栏标题，见表3—16、表3—17、表3—18等；在较复杂的分组表中，它既是横行标题栏，又是纵栏标题栏，需要两条或更多的斜线来表明不同纵栏和横行的标题，见表3—6、表3—24等。

从内容方面看，统计表由主词和宾词两部分构成。主词栏是统计表要说明的总体及其各个组成部分，一般放在表的左边；宾词是要说明的总体及其组成部分的名称及数值，一般放在表的右边。为了更方便分析和阅读，有时主词和宾词的位置也可以互换。

另外，有时需要在统计表的下方做注解，内容包括填表说明、指标解释、资料来源、填制单位、填表人、审核人、填制日期等。

2. 统计表的种类

统计表如果按照总体是否分组及分组的程度分类，可分为简单表、简单分组表、复合分组表。

(1) 简单表

简单表是总体未经任何分组的统计表，见表3—22、表3—23。

表3—22　　我国“十一五”期间粮食产量统计表

年份	2006	2007	2008	2009	2010
粮食产量（万吨）	49 804	50 160	52 871	53 082	54 641

资料来源：《中国统计年鉴》2012年。

表3—23　　某企业2015年销售额统计表

单位	合计	一公司	二公司	三公司	四公司
销售额（万元）	1 300	200	280	320	500

简单表只有两种情况，一种见表3—22，按照年份的顺序排列出总体的指标数值；另一种情况是仅仅列出各总体单位的名称与数值，见表3—23。上述两种表称作简单表，也可称作未分组表。

(2) 简单分组表

简单分组表是对总体按照一个标志做简单分组的统计表，见表3—24。

表 3—24　　我国国内生产总值统计表　　单位：亿元

指标 年份	国内生产总值	第一产业	第二产业	第三产业
2010	408 903.0	39 354.6	188 804.9	180 743.4
2011	484 123.5	46 154.3	223 390.3	214 579.9
2012	534 123.0	50 892.7	240 200.4	243 030.0
2013	588 018.8	55 321.7	256 810.0	275 887.0
2014	636 463.0	58 332.0	271 392.0	306 739.0

资料来源：2015 年国家统计局网站、《中华人民共和国 2014 年国民经济和社会发展统计公报》。

表 3—24 按照“产业”这一品质标志把 2010～2014 年我国国内生产总值做了简单分组，因此被称作简单分组表。

(3) 复合分组表

复合分组表是总体按照两个或两个以上的标志层叠分组的统计表。

表 3—25 是按照“受教育程度”和“经济活动状态”两个品质标志把我国 16 岁及以上人口做了层叠分组，因此被称作复合分组表。

表 3—25　　全国 16 岁及以上人口的就业状况统计表　　单位：人

受教育程度	16 岁及以上人口	经济活动人口					非经济活动人口
		小计	就业人口			失业人口	
			小计	正在工作	暂未工作		
（甲）	(1)	(2)	(3)	(4)	(5)	(6)	(7)
总计	103 817 124	73 666 301	71 547 989	69 677 870	1 870 119	2 118 312	30 150 823
未上过学	6 620 458	2 461 773	2 442 337	2 350 935	91 402	19 436	4 158 685
小学	24 971 817	17 265 450	17 071 892	16 526 824	545 068	193 558	7 706 367
初中	43 995 011	35 849 122	34 916 372	33 894 466	1 021 906	932 750	8 145 889
高中	16 749 451	10 522 259	9 924 532	9 767 374	157 158	597 727	6 227 192
大学专科	6 583 252	4 521 024	4 263 212	4 227 658	35 554	257 812	2 062 228
大学本科	4 469 420	2 764 683	2 653 730	2 637 195	16 535	110 953	1 704 737
研究生	427 715	281 990	275 914	273 418	2 496	6 076	145 725

资料来源：《第六次人口普查》。普查时点：2010 年 11 月 1 日 0 时。

3. 统计表的设计

统计表的设计总体上讲要遵循科学、实用、简明、美观等原则，具体可以从三个方面来考虑。

(1) 外观

统计表外观上的要求主要有：

第一，表格的上下两条线分别称为上基线和下基线，上基线与下基线要用双线或者比表内线粗一倍的线条。

第二，表格内有竖线无横线（纵栏标题行、合计行、标号行除外），统计表的两边不封口。

第三，一个统计表不能断开，即不能把表头与表格的一部分分别放在不同的纸面上。如果资料多需要续页，每一续页必须有纵栏标题和续页号码。

第四，为了方便，有时需开设标号行，见表 3—26，文字栏用“（甲）、（乙）”等文字作为标号，数字栏用“（1）、（2）、（3）”等数字标号。

（2）文字

统计表的文字要求简明扼要。统计表的总标题应以准确而简单的文字表达统计资料的内容、资料的所属时间及空间范围；横行标题、纵栏标题、表下的注明及其他文字都应言简而意明。

（3）数值

对于统计表的数值的要求：

第一，数据要准确，填写要整齐。

第二，不应有的数据用符号“—”表示，缺少某项数据资料待查时用“…”表示，上下左右相同的数据应全部填上，不能用“同上、同左”等表示。

第三，横行的合计栏可放最上面或者最下面，纵栏的合计栏放在数据最后。

第四，统计表的各项指标只有一种计量单位的，把计量单位放在统计表上基线右边，字体可比标题小一些，见表 3—25；如果需要不同的计量单位来表示，可以把计量单位跟随在每一个指标后或者专门设计一个计量单位栏，见表 3—26。

表 3—26　　某企业主要商品销售统计表

产品名称	计量单位	上季	本季	本季比上季（±%）
（甲）	（乙）	（1）	（2）	（3）
儿童车	辆	200	180	—10
服装	件	3 000	4 000	33.3
食用油	桶	800	850	6.25
合计	—	—	—	

点拨

表格不一定都是统计表！

有时使用表格叙述一些文字，有时使用表格做些调查、数据的计算和分析。为了使用方便，这样的表格在外观上不会完全遵循统计表的规范性要求。例如表 3—1、表 3—6、表 3—15 及本书各章中均能见到类似的一些表格。

狭义的统计表则应按照统计表的规范性要求去设计制作。

4. 统计表的制作

以表 3—26 为例，用计算机通用软件制作统计表的大致步骤如下。

第一步，新建一份 Excel 文件，命名为“某企业主要商品销售统计表。”

第二步，打开这份 Excel 文件，在一张工作表里选中第一行前 5 列，单击右键在弹出的菜单中选择“设置单元格格式”，在弹出的对话框中选择“对齐”选项卡，勾选“合并单元格”复选框，单击“确认”。

第三步，在第一行输入标题“某企业主要商品销售统计表”，在标题下面各行、各栏输入相应的文字和数值。

第四步，选中表格，单击右键在弹出的快捷菜单中选择“设置单元格格式”，在弹出的对话框中选择“边框”选项卡，加上下双基线、表内竖线、横线，单击“确认”。

第五步，用输出设备打印表格。

用 Word 软件制作统计表，其步骤与上述基本相同。

二、统计图

统计图是利用点、线、面来表现统计资料的几何图形，是表现统计数据的最好形式之一。统计图与统计表的共同点是简明清晰、一目了然，不同的是统计图比统计表更加直观、生动、形象。因此，统计图除了在统计研究中经常用到，还广泛地应用于各种宣传、教育、商业广告中。

1. 统计图的种类

常见、常用的统计图有柱形图、条形图、折线图、饼形图等，它们的特点、功能见表 3—27。

表 3—27　　常见统计图的特点及功能

类型	特点	功能
柱形图	用直角坐标系的水平轴等距离表示不同的时间或各个类别、组别等，垂直轴作为标尺，等距离标出各种指标数值	常用来显示不同时期（时点）某事物的总规模、总水平；不同类别或单位同一时间某事物达到的规模、水平；不同类别的内部构成等，如图 3—1、图 3—3、图 3—4 所示
条形图	直角坐标系的垂直轴等距离表示不同的类别、组别等，水平轴作为标尺，等距离标出各种指标数值	常用来表明总体各单位计划完成的进度、结果和差异，有时也可用以表示事物的内部结构，如图 3—5 所示
折线图	直角坐标系的水平轴上等距离表示不同的时间、不同的组别或类型，垂直轴上等距离标出指标数值	常用以表明事物发展变化的状况及趋势，表明事物之间的关联程度和发展变化的过程，如图 3—6 所示
饼形图	在一水平面上做出一个或几个圆形，在圆形中划分出若干大小不等的扇面，标出各部分数值占总体总量的比重	常用来表明某事物的内部结构或内部结构的变化；表明不同单位同一事物结构的差异，如图 3—7 所示

2. 统计图的结构

统计图主要由图式、图例、标题构成，如图 3—3 所示。

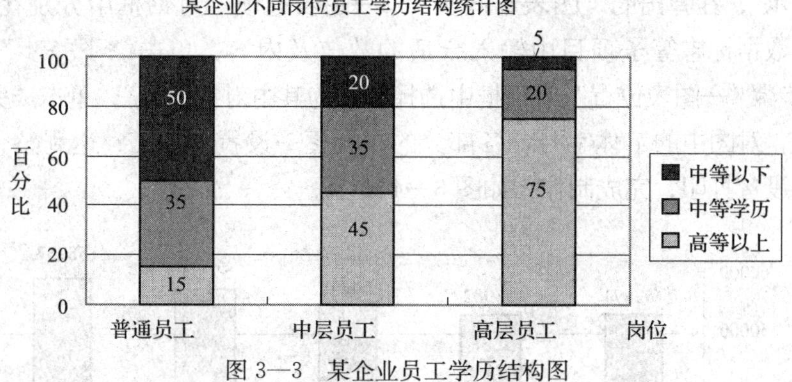

图 3—3 某企业员工学历结构图

(1) 图式

图式是表明某些对象或数值间对比关系的图形的总体。在一般的统计图中，图式、图例、标题三大要素缺一不可，但是图式是最主要的要素，一切其他要素都是为图式而存在的。图式由直角坐标系、尺度（一般在 y 轴上）、分组或年份（一般在 x 轴上）、几何图形等组成。

(2) 图例

图例用来说明图式中各种图形所代表的对象，可以放在上边、右边、下边，也可以放在图中左上方，图例的位置要和整幅图相协调。

(3) 标题

标题是统计图的名称，用于概括统计图的主要内容，一般放在图的正上方。

3. 统计图的制作

用计算机制作统计图时，不同的图形有不同方法，但是都应遵循实事求是、生动形象、简明扼要、美观大方的原则。其中，实事求是最重要，这项原则要求统计图所示的数据资料真实可靠，不弄虚作假、不歪曲真相或虚构事实。

(1) 柱形图的制作

【例 3—10】 根据表 3—28 的数据资料绘制柱形图。

表 3—28 **我国粮食总产量统计表**

年份	2008	2009	2010	2011	2012
粮食产量（万吨）	52 871	53 082	54 648	57 121	58 957

资料来源：《中华人民共和国 2012 年国民经济和社会发展统计公报》。

第一步，新建一份 Excel 文件并命名，打开文件，将一张工作表命名为“我国粮食总产量统计图表”，把表 3—28 中的数据输入表中。

第二步，选中“粮食产量”“年份”两行，单击右键，在弹出的快捷菜单中选择

“插入图表”，在弹出的“图表导向步骤 1—图表类型”对话框中选择“柱形图”，单击“下一步”，在弹出的“图表导向步骤 2—图表源数据”对话框中，认可自动生成的结果，单击“下一步”，在弹出的“图表导向步骤 3—图表选项”对话框中分别在标题、坐标轴、图例、数据标志等子项目中输入合适的数值及内容，单击“下一步”，在弹出的“图表导向步骤 4—图表位置”对话框中选择“作为其中对象插入”，单击“完成”。

第三步，对图中的字体字号、各部分的布局逐一设置、加工，达到整体上的协调，然后用输出设备打印，完成制作，如图 3—4 所示。

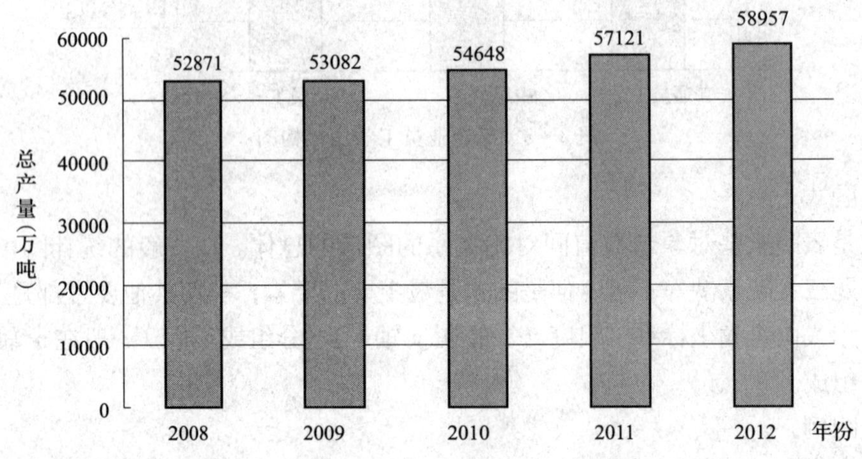

图 3—4　2008—2012 年我国粮食总产量统计图

图 3—4 显示出我国粮食产量从 2008 年的 52 871 万吨增加至 2012 年的 58 957 万吨，连年增产但数量不大。

(2) 条形图的制作

【例 3—11】 根据表 3—29 中的数据资料制作条形图。

表 3—29　　某企业集团本年度 1～6 月份销售计划完成情况　　单位：万元

部门	计划	完成	完成计划百分数（%）
一公司	1 000	600	60
二公司	1 100	500	45.5
三公司	1 200	700	58.3
总公司	3 300	1 800	54.5

第一步，新建一份 Excel 文件并命名，打开文件，将一张工作表命名为“某企业集团计划完成进度统计图”，把表 3—29 中的数据输入表中。

第二步，选中“部门”“计划”“完成”三行，单击右键，在弹出的快捷菜单中选择“插入图表”，在弹出的“图表导向步骤 1—图表类型”对话框中选择“条形图”，在子类型中选一种，单击“下一步”，在弹出的“图表导向步骤 2—图表源数据”对话框中认可自动生成的结果，单击“下一步”，在弹出的“图表导向步骤 3—图表选项”对话框中，标题填写“某企业集团本年度 1～6 月份销售计划完成情况”，横标题填“销售额（万元）”，图例选择“靠右”，数据标志选择“值”等，单击“下一步”，在弹出的“图表导向步骤 4—图表位置”对话框中选择“作为其中对象插入”，单击“完成”。

第三步，对图中的字体字号、布局稍作加工，使整体协调，然后用输出设备打印，统计图制作完成，如图 3—5 所示。

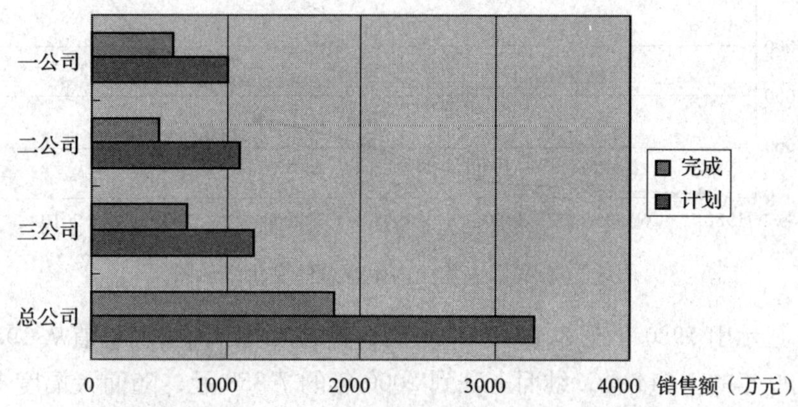

图 3—5　某企业集团本年度 1～6 月份销售计划完成情况统计图

图 3—5 显示，时间过半，某企业集团整体完成年度计划过半。一公司销售计划进度较快，二公司任务完成没有过半，进度较慢，三公司进度正常。

（3）折线图的制作

【例 3—12】 根据表 3—30 中的数据资料制作折线图。

表 3—30　　我国人均国内生产总值统计表

年份 / 指标	1980	1985	1990	1995	2000	2005	2010
人均国内生产总值（元）	463	858	1 644	5 046	7 858	14 185	30 015

资料来源：《中国统计年鉴》2000 年、2006 年、2012 年。

第一步，新建一份 Excel 文件并命名，打开文件，将一张工作表命名为“我国人均国内生产总值变化图”，将表 3—30 中的数据输入表中。

第二步，选中“年份 \ 指标”及数据两行，单击右键，在弹出的快捷菜单中选择“插入图表”，在弹出的“图表导向步骤 1—图表类型”对话框中选择“折线图”，在子类型中选一种，单击“下一步”，在弹出的“图表导向步骤 2—图表源数据”对话框中认可自动生成的结果，单击“下一步”，在弹出的“图表导向步骤 3—图标选项”对话框中，标题填写“我国人均国内生产总值变化图”，图例选择“不显示”，数据标志选择“值”等，单击“下一步”，在弹出的“图表导向步骤 4—图表位置”对话框中选择“作为其中对象插入”，单击“完成”。

第三步，对图中的字体字号、布局稍做加工，使整体协调，然后用输出设备打印，统计图制作完成，如图 3—6 所示。

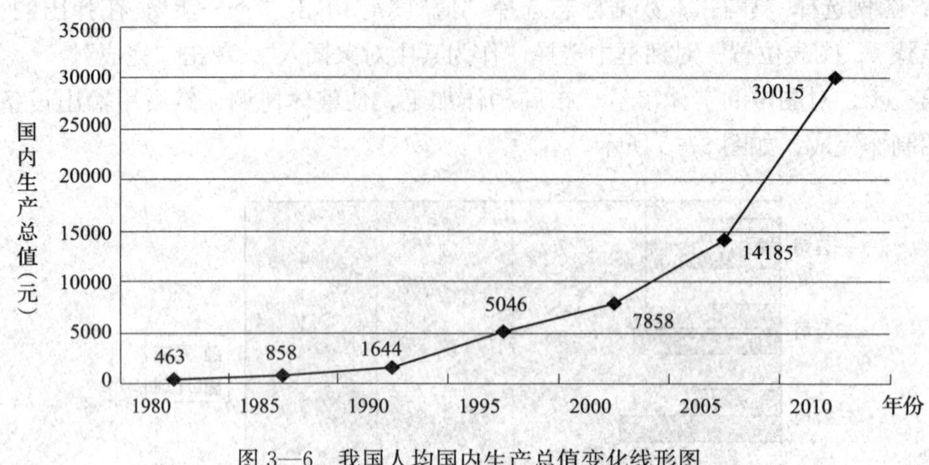

图 3—6　我国人均国内生产总值变化线形图

图 3—6 显示出 1980 年至 2010 年 30 年间，我国人均国内生产总值从 1980 年的 463 元上升到 1990 年的 1 644 元，继而上升到 2000 年的 7 858 元，随而大幅度上升至 2010 年的 30 015 元的过程和趋势。从整体上反映出人民生活水平和富裕程度的变化和走势。

(4) 饼形图的制作

【例 3—13】 根据表 3—31 的数据资料制作饼形图。

表 3—31　　我国国内生产总值构成　　单位：亿元

年份	国内生产总值	第一产业	第二产业	第三产业
2000	99 776.3	14 716.2	45 326.0	39 734.1
2010	408 903.0	39 354.6	188 804.9	180 743.4

资料来源：国家统计局网站 2015 发布数据。

第一步，新建一份 Excel 文件并命名，打开文件，将一张工作表命名为“我国国内生产总值构成图”，将表 3—31 的数据输入表中。

第二步，选中 2010 年“第一产业、第二产业、第三产业”及其指标数据两行，单击右键，在弹出的快捷菜单中选择“插入图表”，在弹出的“图表导向步骤 1—图表类型”对话框中选择“饼形图”，在子类型中选一种，单击“下一步”，在弹出的“图表导向步骤 2—图表源数据”对话框中认可自动生成的结果，单击“下一步”，在弹出的“图表导向步骤 3—图表选项”对话框中，分别在标题一项填写“2010 年我国国内生产总值构成”，图例选择“放下面”，数据标志一项选择“百分数”等，单击“下一步”，在弹出的“图表导向步骤 4—图表位置”对话框中选择“作为其中对象插入”，单击“完成”。

第三步，对图中的字体字号、布局稍作加工，使整体协调，然后用输出设备打印，统计图制作完成，如图 3—7 所示。

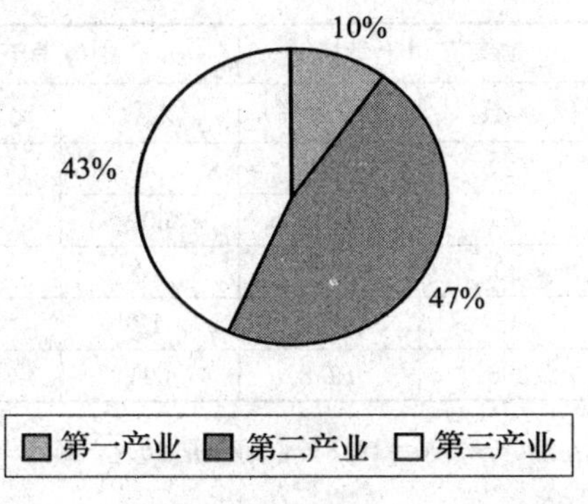

图 3—7　2010 年我国国内生产总值构成图

图 3—7 中显示出我国 2010 年国内生产总值的构成：第二产业的比重最大，占据的扇形面积也最大；其次是第三产业，即将接近第二产业；第一产业的比重仅有 10%，比重最小。

课堂讨论

1. 比较图 3—4 与图 3—8，说说哪一幅比较合适，为什么？

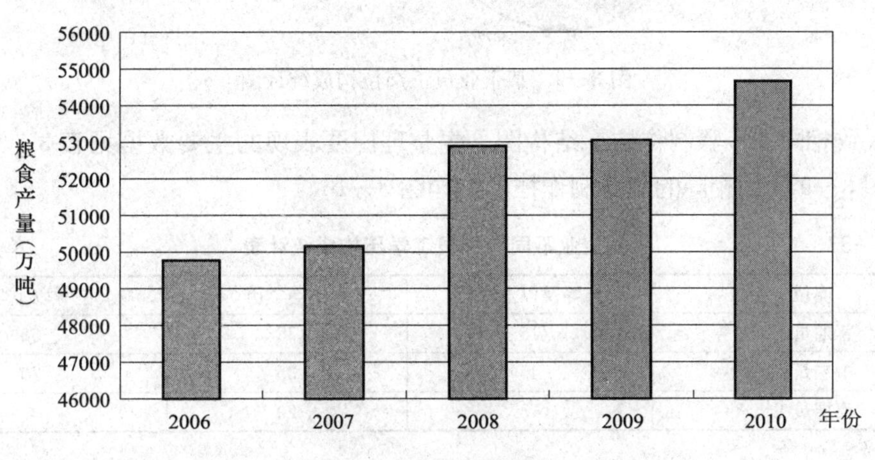

图 3—8　我国粮食产量统计图

2. 根据下面所述的文字资料分小组设计制作统计表、统计图。

【例 3—14】 某企业有员工 2 000 人，其学历构成情况是：普通员工 1 740 人，其中中等以下学历人数占 50%，中等学历人数占 35%，高等及以上学历占 15%；中层员工 200 人，其中中等以下学历占 20%，中等学历人数占 35%，高等及以上学历占 45%；高层员工 60 人，其中中等以下学历占 5%，中等学历人数占 20%，高等及以上学历占 75%。

制作统计表见表 3—32。

表 3—32　　某企业员工学历构成统计表

岗位＼学历	总人数（人）	高等及以上学历		中等学历		中等以下学历	
		人数	比重（%）	人数	比重（%）	人数	比重（%）
（甲）	（1）	（2）	（3）	（4）	（5）	（6）	（7）
普通员工	1 740	261	15	609	35	870	50
中层员工	200	90	45	70	35	40	20
高层员工	60	45	75	12	20	3	5
合　计	2 000	396	19.8	691	34.6	913	45.6

注：第（3）栏合计的计算是：396÷2 000=19.8%，而不是15%+45%+75%，这将在综合指标中详细介绍，第（5）（7）栏也如此。

制作统计图如图 3—9 所示。

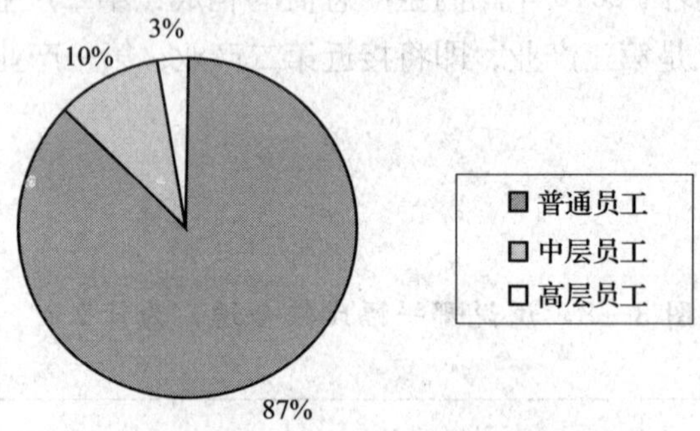

图 3—9　某企业员工岗位构成统计图

用大致相同的步骤制作柱形结构图。先整理出要表现的主要数据见表 3—33，然后采用与图 3—9 大致相同的步骤制作柱形结构图 3—10。

表 3—33　　某企业不同岗位员工学历构成统计表　　单位：%

岗位	高等及以上学历	中等学历	中等以下学历
普通员工	15	35	50
中层员工	45	35	20
高层员工	75	20	5

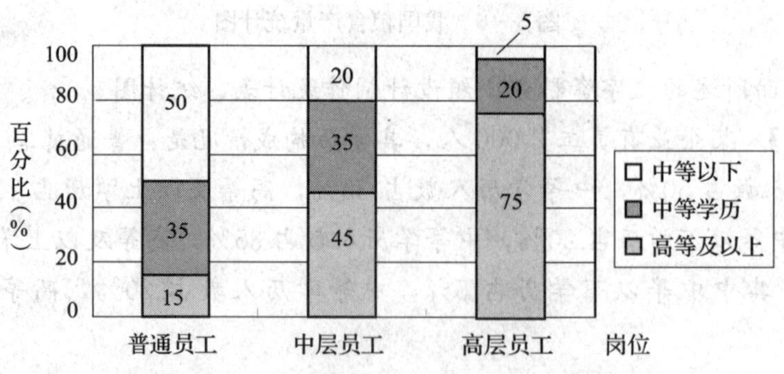

图 3—10　某企业不同岗位员工学历构成统计图

逻辑简图

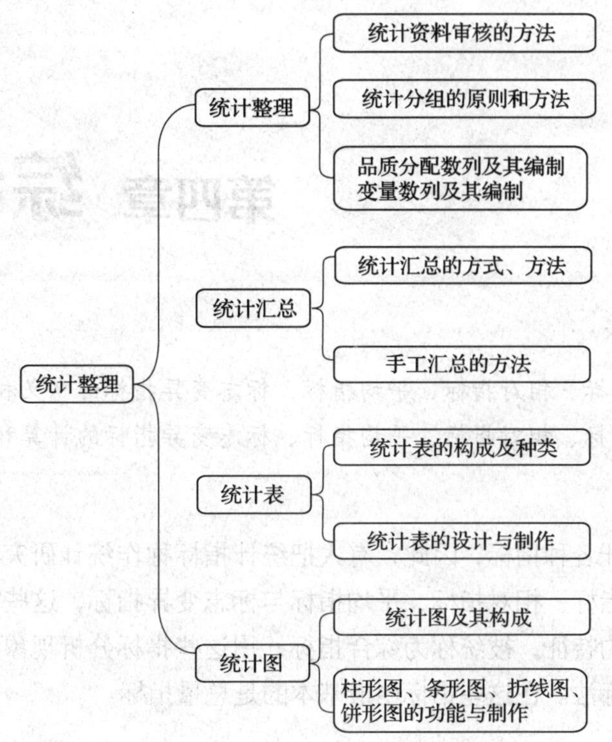

思考与练习

一、简答题

1. 统计整理的意义和主要步骤是什么？

2. 统计分组的主要作用有哪些？

3. 统计分组及其步骤是什么？

4. 变量数列的编制步骤和注意事项有哪些？

5. 统计表的设计应注意哪些问题？

二、实训题

1. 承接第二章实训题“调查本班学生双眼裸视状况及护眼方法”，根据调查资料制作统计表，绘制统计图。

2. 承接第二章实训题“调查本生活区16周岁以上的居民对中秋月饼的看法”，根据调查资料设计制作统计图、表。

第四章 综合指标

学习目标

- 了解总量指标、相对指标、平均指标、标志变异指标的意义和区别
- 掌握总量指标、相对指标、平均指标、标志变异指标的计算和应用

统计研究离不开各种指标，因此，有人把统计指标称作统计研究的语言。常见常用的统计指标有总量指标、相对指标、平均指标与标志变异指标，这些指标从不同的角度综合反映客观现象的特征，被统称为综合指标，用这些指标分析现象的特征、认识现象的本质称作综合指标法。在这些指标中最基本的是总量指标。

第一节 总量指标

总量指标是反映现象在一定时间、地点条件下所达到的总规模或总水平的综合指标，总量指标也被称作绝对数或绝对指标。

例如，我国2014年的粮食产量60 710万吨，棉花产量616万吨，年末全国内地总人口136 782万人，这三个指标均属总量指标，综合反映了我国2014年粮食、棉花的生产水平及人口总规模。①

一、总量指标的作用

第一，总量指标是认识现象最基本的指标。要了解和认识一个单位、一个地区或一个国家的情况，首先就要从总量上了解其在人、财、物等各个方面所达到的规模或水平。在这个基础上，才能够对其进行更加深入的分析和认识。例如，要分析认识我国的粮食供求状况，首先就要确切地知道粮食的总产量和人口总量及其他相关的总量指标，

① 资料来源：《中华人民共和国2014年国民经济和社会发展统计公报》。

然后才能据以分析我国的人均粮食拥有量及其变化等情况。

第二，总量指标是企业编制经营计划、国家制定宏观政策和规划最基本的依据。国家制定各项宏观调控政策，必须要根据国民经济各个部门、社会生产各环节的各种总量指标进行综合分析，才能够制定出切实可行的政策和远期规划。企业同样需要依据相关的总量指标来分析、预测，才能制定未来经营管理的各种短期计划和长期规划。

第三，总量指标是计算其他各种分析指标的基础。相对指标、平均指标及其他各种分析指标，多数是根据总量指标相对比计算而来的。这些指标虽然对认识事物有着总量指标所不能及的作用，但是它们都是总量指标的派生指标，没有总量指标就没有这些指标。

想一想?

总量指标的计算是否科学合理，对统计研究有什么样的影响?

二、总量指标的种类

总量指标按照不同的分类标准可以分为若干类，见表 4—1。

表 4—1　　总量指标分类表

标准	种类	实例
按指标反映现象的内容不同	总体单位总量：总体内所有总体单位的数量	要研究某地区职业学校的状况，某地区 2010 年职业学校 260 所是总体单位总量；在校生 280 000 人，教师 50 000 人等是总体标志总量
	总体标志总量：总体所有单位某一标志值之和	
按指标所反映时间状况不同	时期指标：反映现象在一定时期内所达到的水平或规模	某地某年的消费品零售额、国内生产总值、财政收入等
	时点指标：反映现象在某一时点所达到的水平或规模	某地某年末的人口总量、居民储蓄余额、法人单位数量等
	时期指标与时点指标的主要区别： (1) 时期指标反映一段时期的状况；时点指标反映某一时点的瞬间状况 (2) 时期指标相加有实际意义，可以相加；时点指标相加没有实际意义，不能相加	
按指标的计量单位不同	实物指标：按照实物单位计量的指标。主要有自然实物单位、度量衡单位、标准实物单位等	2 000 辆汽车、50 吨化肥、20 方木料、10 公顷土地、50 千瓦时、200 亿吨公里等
	价值指标：以货币单位计量的指标	社会商品零售额 5 000 万元、年末外汇储备 500 亿美元等
	劳动量指标：用劳动量单位计量的指标	工日、工时、工件等

课堂讨论

辨别下列指标分别是哪一类指标?

1. 本班本学期开学以来六周的综合得分为95、98、97、89、99、100分；每周一第一节出勤人数为45人、46人、48人、50人、47人、50人。

2. 2014年，我国全年粮食种植面积11 274万公顷，棉花种植面积422万公顷。全年公共财政收入140 350亿元，年末国家外汇储备38 430亿美元。年末全国内地总人口为136 782万人，比上年末增加710万人，其中城镇常住人口为74 916万人，占总人口比重为54.77%。全年出生人口1 687万人，出生率为12.37‰；死亡人口977万人，死亡率为7.16‰；自然增长率为5.21‰。①

知识窗

公共财政收入

公共财政收入是指政府凭借国家政治权利，以社会管理者的身份筹集的以税收为主体的财政收入。

三、总量指标的计算

总量指标的计算有两种方法。

一种是直接计算法，是指对要研究的现象总体采用直接计量、汇总而得到总量指标的方法，是最常见最基本的方法。统计普查、统计报表中的绝大部分总量指标都是采用这种方法得到的。

另一种是间接推算法，是指根据现象间的相互依存、相互制约关系进行推算而得到总量指标的方法。如利用期初库存、本期购进、本期销售来推算本期库存总量。

点拨

总量指标计算和应用时应注意的问题

第一，要明确规定每一个总量指标的内涵和外延。第二，要确保所研究现象的同质性。第三，要正确确定指标的计量单位。

第二节　相对指标

相对指标又称统计相对数，它是两个有联系的指标数值之比值。用来对比的两个

① 资料来源：《中华人民共和国2014年国民经济和社会发展统计公报》。

数，可以是绝对数、平均数，也可以是相对数，但是两者必须有一定的联系才能够对比。相对指标的特点是把用来对比的两个具体数值抽象化，可以更加清晰、深刻地说明现象间的联系，有助于人们对事物的了解和认识。

一、相对指标的作用

第一，相对指标能具体表明现象间的相互关联程度，便于人们对现象进行对比分析。总量指标是人们认识事物的基础，它能够反映现象的总规模、总水平，但是现象发展得快慢、好坏，只有总量指标是难以说明的，还必须用相对指标来说明。例如，2014年我国全社会固定资产投资额 512 761 亿元，比上年增长了 15.3%，扣除价格因素，实际增长 14.7%。在全部投资中，东部地区投资 206 454 亿元，比上年增长 15.4%；中部地区投资 124 112 亿元，增长 17.6%；西部地区投资 129 171 亿元，增长 17.2%；东北地区投资 46 096 亿元，增长 2.7%；跨地区投资 6 928 亿元。通过相对指标，可以更加清楚地看到我国 2014 年固定资产投资整体和区域的增长情况。①

知识窗

固定资产投资区域中的地区

固定资产投资区域中，东部地区是指北京、天津、河北、上海、江苏、浙江、福建、山东、广东、海南 10 省（市）；中部地区是指山西、安徽、江西、河南、湖北和湖南 6 省；西部地区是指内蒙古、广西、重庆、四川、贵州、云南、西藏、陕西、甘肃、青海、宁夏、新疆 12 省（市、区）；东北地区是指辽宁、吉林和黑龙江 3 省。

第二，相对指标能够使一些不能直接对比的现象可以进行对比。例如，由于企业生产经营的范围和环境不同，如果把不同行业、不同规模、不同地区企业之间的利润额、增加值等指标进行对比，就说明不了问题。如果用资金利润率、产值计划完成程度、产值发展速度、劳动生产率等相对指标进行对比，就能够说明不同条件下企业的经营管理水平和效率。

第三，相对指标是进行宏观调控的重要指标。例如，我国的经济增长速度、产业结构指标、失业率等都是国家进行宏观调控所依据的重要指标。

第四，相对指标是组织和评价企业经营管理的重要依据。例如，企业的产品合格率、劳动效率、资金利用率、资产负债率、计划完成程度等，既是企业有序有效组织生产经营的重要参考依据，也是评价企业经营管理好坏的重要指标。

---

① 资料来源：《中华人民共和国 2014 年国民经济和社会发展统计公报》。

二、相对指标的基本公式和表现形式

1. 相对指标的基本公式

常用的相对指标有计划完成相对数、结构相对数、比例相对数、比较相对数、强度相对数、动态相对数。

由于分析问题的角度不同，几种相对指标分别有具体的计算公式，但可以归纳得出它们在计算时的基本表达式：

$$\frac{A}{B}=C \qquad (4—1)$$

式中 C——相对指标；

A——要研究说明的事物的数值；

B——参照对比事物的数值。

2. 相对指标的表现形式

相对指标的表现形式（计量单位）有多种，详见表 4—2。

表 4—2 相对指标表现形式一览表

表现形式	含义	应用条件
系数（0.0）	将对比的基数抽象化为 1	分子分母数值相差不大
倍数（倍）	将对比的基数抽象化为 1	分子比分母数值大很多
成数（成）	将对比的基数抽象化为 10	农业生产经营中习惯用
百分数（%）	将对比的基数抽象化为 100	分子分母的比值大于 1 而小于 2
千分数（‰）	将对比的基数抽象化为 1 000	分子数值比分母小得多
复名数（…/…）	两个有联系的数值的比较	分子分母计量单位结合使用

表 4—2 中简单介绍了相对指标的六种表现形式，这六种表现形式可分为有名数和无名数两类。有名数指复名数，这种表现形式只有强度相对数使用。例如，人口密度用“人 /平方千米”、全员劳动效率用“元 /人”、资金利润率用“元 /千元”等。无名数的应用则非常广泛。

三、相对指标的种类与应用

1. 计划完成相对数

计划完成相对数用百分数作为计量单位，所以有时也被称作计划完成百分比，是反映实际完成状况的相对数。实际完成得好与不好，以原定的计划目标作为参照标准。由于计划目标的性质或者要求不同，所以检查计划完成情况时又分出七个计算公式，这七个计算公式也可以归纳成一个基本的计算公式：

$$计划完成相对数=\frac{实际完成数}{计划任务数}\times 100\% \quad (4—2)$$

对于这个公式应注意两点：

第一，计算结果是要看实际完成任务的情况如何，所以无论检查分析哪一种情况，都应把实际完成数放在分子位置上。

第二，实际完成数的口径要与计划指标的要求一致。

由这个基本计算公式派生出的七个公式，其计算和应用都应符合上面两项要求。检查分析计划的完成具体分为七种情况，如图 4—1 所示。

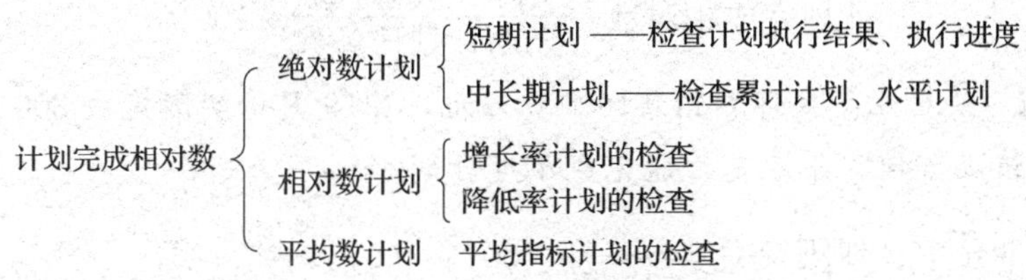

图 4—1　检查计划完成的七种情况

下面根据图 4—1 的顺序来逐一介绍计划完成相对数的计算和说明。

(1) 绝对数短期计划执行结果

【例 4—1】 张丰同学上学期计划专业课考核拿 90 分，结果得到 95 分，该学生计划完成得如何？

解： 用基本公式 (4—2) 来计算分析这个问题。

$$张丰专业课考核计划完成相对数=\frac{实际完成数}{计划任务数}=\frac{95}{90}\times 100\%\approx 105.6\%$$

计算表明：张丰同学超额完成计划 5.6% (105.6%－100%)。

【例 4—2】 王明同学计划节约生活费用，上个月计划总花费 400 元，到月底合计生活费总支出 460 元。王明完成原定计划了吗？

解： $王明计划完成相对数=\frac{实际完成数}{计划任务数}=\frac{460}{400}\times 100\%=115\%$

计算表明：王明同学未完成原定节约费用的计划，还差 15% (115%－100%)。

点拨

如何分析计划完成相对数的计算结果？

计划完成相对数的计算结果不一定都是等于或大于 100%为好，概括起来有三种情况：①无论是什么性质的指标，计算结果等于 100%，就表明正好完成了预定计划。②收入成果类指标以大于 100%为超额完成计划，小于 100%为未完成计划。③费用支出类指标以小于 100%为超额完成计划，大于 100%为未完成计划。

课堂讨论

1. 例 4—1、例 4—2 中计算结果都是大于 100%，为什么一个是超额完成计划，一个是未完成计划？

2. 某班学生的出勤率、考试及格率、考试不及格率、平均每人每天读书的时间、平均每人每天翻看手机的时间，某公司的营业总额、费用总额、费用率、利润额、利润率等是什么性质的指标？该如何判断和说明这些指标计划完成情况？

(2) 绝对数短期计划执行进度

$$\text{计划完成相对数}=\frac{\text{实际完成累计数}}{\text{全期计划任务数}}\times 100\% \tag{4—3}$$

【例 4—3】 某企业年度计划销售额 500 万元，1～9 月份实际完成 300 万元，该企业年度计划完成情况如何？年底是否能完成年度计划？

解： 某企业年度计划执行进度$=\frac{300}{500}\times 100\%=60\%$

计算表明：某企业 1～9 月份完成年度销售计划的 60%，时间已过四分之三，任务还未完成三分之二，如果没有适宜的举措，年底将难以完成全年计划。

【例 4—4】 本学期有 4 个月，兆成同学计划在本学期末毕业之前给父母做 15 次饭，实际完成的情况是第一个月 4 次，第二个月 3 次，第三个月 5 次。兆成的计划完成得如何？预计能否按时完成全部计划？

解： 兆成学期计划执行进度$=\frac{4+3+5}{15}=\frac{12}{15}\times 100\%=80\%$

计算表明：兆成同学前三个月完成学期计划的 80%，时间过去四分之三，任务已完成四分之三有余，如果没有很特殊的情况，期末一定会完成预定计划。

想一想？

1. 如果要在每一季度末对年度计划进度进行检查，那么应用公式（4—3）时，分子位置上应分别放哪个时间的累计实际数值？

2. 公式（4—3）中分子的时期与分母的时期为什么不一样长？

3. 这样的计划检查是否还需要考虑指标是收入类还是支出类？

(3) 绝对数中长期累计计划执行结果

$$\text{中长期累计计划完成相对数}=\frac{\text{计划期内实际完成累计数}}{\text{计划期内计划累计数}}\times 100\% \tag{4—4}$$

【例 4—5】 赵明同学计划在校 3 年内完成计算机文字录入累计 100 万字的目标。第一年实际录入 20 万字，第二年实际录入 50 万字，第三年 1～6 月底实际录入 31 万字，至第三年的年底累计录入 36 万字。赵明同学的计划完成得如何？他提前多少时间实现了自己的计划目标？

解：赵明同学3年累计计划执行结果$=\frac{20+50+36}{100}\times100\%=\frac{106}{100}=106\%$

计算表明：赵明同学3年的预定计划完成106%，超额6%（106%－100%）完成计划；截至第三年6月底已累计完成101（20＋50＋31）万字，剩余时间6个月为提前完成计划的时间。

（4）绝对数中长期水平计划执行结果

$$中长期水平计划完成相对数=\frac{计划期最后一期实际达到的水平}{计划最后一期达到的水平}\times100\% \quad (4—5)$$

【例4—6】 赵明同学计划在校3年内完成计算机文字录入速度目标，毕业时录入水平达到100字/分钟。实际结果是第一年年底达到30字/分钟，第二年年底达到80字/分钟，第三年5月底达到100字/分钟，至第三年的年末达到120字/分钟。赵明同学的计划完成得如何？他提前多少时间实现了自己的计划目标？

解：赵明同学计算机录入水平计划执行结果$=\frac{120}{100}\times100\%=120\%$

计算表明：赵明同学3年的预定计划完成120%，超额20%（120%—100%）完成计划；截至第三年5月底已达到100字/分钟的计划速度，剩余7个月为提前完成计划的时间。

【例4—7】 某企业计划5年内某种产品的年产能力达到100吨，第一年年产50吨、第二年年产60吨、第三年年产65吨、第四年、第五年各月的生产情况见表4—3，根据表中资料计算该企业计划完成情况及提前完成计划时间。

表4—3　　某企业某产品第4、5年每月生产情况　　单位：吨

月份	1	2	3	4	5	6	7	8	9	10	11	12	1～12
第4年	6	7	7	7	8	8	8	8	7	8	9	8	91
第5年	8	9	9	9	8	9	10	9	10	10	11	11	113

解：某企业某产品生产水平计划执行结果$=\frac{113}{100}\times100\%=113\%$

计算表明：某企业某产品年生产能力计划超额完成13%（113%—100%）；第4年8月份至第5年7月份，在跨年度的12个月里生产能力已达到102吨，剩余的5个月为提前完成计划的时间。

知识窗

中长期计划时期的计算

检查中长期计划时可以跨自然年度计算实际完成数值，但必须是连续12个月的数值累计。

(5) 相对数增长率计划执行结果

$$增长率计划完成相对数=\frac{1+实际增长率}{1+计划增长率}\times 100\% \tag{4—6}$$

【例 4—8】 光明超市文具部本季度计划利润率比上年同期增长 3%，实际增长 4%，文具部完成计划了吗？

解：光明超市文具部利润率计划执行结果$=\frac{1+4\%}{1+3\%}\times 100\%=\frac{104\%}{103\%}\times 100\%=100.97\%$

计算表明：光明超市文具部利润率增长计划完成 100.97%，超额 0.97%（100.97%—100%），完成预定计划。

【例 4—9】 某企业计划本季度职工的劳动效率比上年同期提高 2%，结果提高 1%，该企业完成计划了吗？

解：劳动效率提高计划执行结果$=\frac{1+1\%}{1+2\%}\times 100\%=\frac{101\%}{102\%}\times 100\%=99.02\%$

计算表明：某企业劳动效率增长计划完成 99.02%，差 0.98%（99.02%－100%），未完成预定计划。

(6) 相对数降低率计划执行结果

$$降低率计划完成相对数=\frac{1-实际降低率}{1-计划降低率}\times 100\% \tag{4—7}$$

【例 4—10】 某企业计划本季度商品的损耗率比上季度降低 1%，结果降低了 2%，该企业完成计划了吗？

解：某企业商品损耗率计划执行结果$=\frac{1-2\%}{1-1\%}\times 100\%=\frac{98\%}{99\%}\times 100\%=98.99\%$

计算表明：某企业商品损耗率降低计划完成 98.99%，超额完成计划 1.01%（98.99%－100%）。

点拨

运用公式(4—6)、公式（4—7）应注意！

公式（4—6）、公式（4—7）中“1＋增长率”和“1－降低率”之中的“1”代表上年或上季同期。计算增减率计划完成相对数时，分子分母不能丢掉上期的基数 1。

想一想？

相对指标计划完成相对数的计算能否直接用增长率或降低率相比较？如例 4—10 中，能否直接用 2%除以 1%？为什么？

(7) 平均指标计划执行结果

$$平均指标计划完成相对数=\frac{实际平均数}{计划平均数}\times 100\% \tag{4—8}$$

【例 4—11】 某企业计划年度生产工人的平均日产量达到 500 件 /人，实际达到了 520 件 /人，该企业完成计划了吗?

解：某企业平均日产量计划执行结果$=\frac{520}{500}\times100\%=104\%$

计算表明：某企业平均日产量计划完成 104%，超额完成计划 4%（104%－100%）。

2. 结构相对数

结构相对数是总体中的每一部分数值与总体数值的比值。结构相对数是在统计分组的基础上计算得到的，它反映总体各个组成部分在总体中所占的比重，其计算公式为：

$$\text{结构相对数}=\frac{\text{总体部分数值}}{\text{总体全部数值}}\times100\% \tag{4—9}$$

结构相对数一般用百分数表示，各组比重之和应等于 1 或 100%。

结构相对数在统计研究中应用非常广泛，主要作用有：

第一，反映事物的内部结构，说明事物的性质和特征，见表 4—4。

表 4—4　　2014 年我国国内生产总值构成情况

国内生产总值（亿元）				国内生产总值比重（%）			
合计	第一产业	第二产业	第三产业	比重合计	第一产业	第二产业	第三产业
636 463	58 332	271 392	306 739	100	9.2	42.6	48.2

资料来源：《中华人民共和国 2014 年国民经济和社会发展统计公报》。

【例 4—12】 计算我国 2014 年国内生产总值中各产业所占比重，并说明计算结果。

解：第一产业所占比重$=\frac{58\ 332}{636\ 463}\times100\%\approx9.2\%$

第二产业所占比重$=\frac{271\ 392}{636\ 463}\times100\%\approx42.6\%$

第三产业所占比重$=\frac{306\ 739}{636\ 463}\times100\%\approx48.2\%$

计算表明：2014 年我国各个产业增加值占国内生产总值的比重分别为：第一产业 9.2%，第二产业 42.6%，第三产业 48.2%。虽然第三产业所占比重已超过第二产业，但与其他发展中国家、发达国家相比，我国现在仍属于欠发达的发展中国家。

据媒体报道，2012 年世界中等收入国家国内生产总值中第三产业所占比重为 53%，世界平均水平为 69%。据 2015 年国家统计局网站发布的数据，在发达国家中，2012 年第三产业占国内生产总值的比重，英国达到 78.7%，法国达到 79.2%，德国达到 68.7%，新加坡达到 73.3%，澳大利亚达到 69.4%，美国 2011 年达到 78.6%。

第二，反映现象结构的变化，说明事物的发展变化过程和趋势，见表 4—5。

表 4—5　　我国国内生产总值结构的变化　　单位：%

年份＼产业	国内生产总值	第一产业	第二产业	第三产业
(甲)	(1)	(2)	(3)	(4)
1978	100.0	27.9	47.6	24.5
1980	100.0	29.9	47.9	22.2
1990	100.0	26.7	40.9	32.4
2000	100.0	14.7	45.4	39.8
2010	100.0	9.6	46.2	44.2
2013	100.0	9.4	43.7	46.9
2014	100.0	9.2	42.6	48.2

资料来源：国家统计局网站 2015 年发布数据，《中华人民共和国 2014 年国民经济和社会发展统计公报》。

从表 4—5 中可见我国改革开放几十年以来产业结构的变化，第一产业在国内生产总值中所占的比重逐步下降，第三产业所占的比重逐步提高。

第三，反映人、财、物力的利用程度。计算和应用一些结构相对数，可以分析事物的质量，说明人、财、物的利用效率和使用状况等。例如出勤率、产品的合格率、商品损耗率、设备利用率等。

第四，结构相对数对计算和分析加权平均数的大小有重要作用。

3. 比例相对数

比例相对数是同一总体中不同部分指标数值的比值，一般用百分数或倍数表示。比例相对数主要用来研究和分析总体内部的比例关系，其计算公式是：

$$\text{比例相对数}=\frac{\text{总体某部分数值}}{\text{总体另一部分数值}}\times 100\% \qquad (4\text{—}10)$$

【例 4—13】 我国 2010 年年末总人口 134 091 万人，其中男性人口 68 748 万人，女性人口 65 343 万人，计算说明我国人口总量中男性人口与女性人口的比例。[①]

解： 男性人口与女性人口的比例$=\frac{68\ 748}{65\ 343}\times 100\%\approx 105.2\%$

计算表明：2010 年年末我国总人口中男性人口与女性人口的比例为 105.2∶100 (以女性为 100)。

计算和应用比例相对数时应注意以下问题：

第一，分子分母必须是同一总体内的同类指标。

第二，分子分母可以互换位置，但是互换位置后说明问题的角度也会跟着变化。

① 资料来源：2011 年《中国统计年鉴》。

4. 比较相对数

比较相对数是不同总体同类指标数值的比值。它反映同类现象在不同的时间、空间条件下的数量对比关系，常用来分析研究不同单位、不同部门、不同地区、不同国家之间经济发展的差异，一般用百分数或者倍数表示。其计算公式是：

$$\text{比较相对数}=\frac{\text{某总体某指标数值}}{\text{另一总体同类指标数值}} \tag{4—11}$$

【例 4—14】 甲单位生产某种产品的单位成本是 50 元 /千克，乙单位是 52 元 /千克，比较两个单位生产成本的情况。

解：甲与乙的比较相对数$=\frac{50}{52}=0.962\approx96.2\%$

计算表明：甲单位生产某种产品的单位成本是乙单位的 96.2%。

这个例子，也可以用乙单位的成本作为分子，甲单位的作为分母进行比较。

乙与甲的比较相对数$=\frac{52}{50}=1.04=104\%$

计算表明：乙单位生产某种产品的单位成本是甲单位的 104%。

计算和应用比较相对数时应注意以下问题：

第一，用来对比的两个数值可以是平均数、绝对数，也可以是相对数。

第二，一般来讲，比较相对数的两个数值可以在分子分母位置上互换，但是互换以后说明问题的角度也随之变化，如例 4—14 所示。

第三，如果要把行业、国家或国际上规定的统一标准作为比较的基础，那么这些数值应该在分母位置上，而且分子分母不能互换。

5. 强度相对数

强度相对数是两个性质不同但有一定联系的总量指标的比值。它反映现象的强度、密度和普遍程度，常用来说明一个地区、部门、国家的经济实力及经济效益，一般用有名数表示。其计算公式是：

$$\text{强度相对数}=\frac{\text{某一总量指标数值}}{\text{另一性质不同但有联系的总量指标数值}} \tag{4—12}$$

【例 4—15】 甲乙两地区的人口、粮食产量、国内生产总值（GDP）资料见表 4—6，计算强度相对数并对计算结果进行说明。

表 4—6　　某年甲乙两地区基本情况计算分析表

地区＼指标	土地面积（平方千米）	年末总人口（万人）	粮食产量（万吨）	国内生产总值（亿元）	人口密度（人/平方千米）	人均粮食拥有量（千克/人）	人均国内生产总值（元/人）
（甲）	（1）	（2）	（3）	（4）	（5）	（6）	（7）
甲地区	15 000	760	380	2 432	506.7	500	32 000
乙地区	18 000	800	416	2 400	444.4	520	30 000

解：甲地区的人口密度$=\frac{7\ 600\ 000}{15\ 000}\approx 506.7$（人 /平方千米）

乙地区的人口密度$=\frac{8\ 000\ 000}{18\ 000}\approx 444.4$（人 /平方千米）

计算表明：某年年底人口密度，甲地区为每平方千米 506.7 人，乙地区为每平方千米 444.4 人，甲地区的人口密度大于乙地区。

用同样的方法计算得出（见表 4—6）两地区人均粮食拥有量，甲地区为每人 500 千克，小于乙地区的每人 520 千克；人均国内生产总值甲地区为每人 3.2 万元，大于乙地区的每人 3 万元。仅从这两组数据来看，乙地区粮食种植略强于甲地区，而甲地区整个经济实力要略强于乙地区。

强度相对数的分子分母可以互换，与比较相对数、比例相对数不同的是，强度相对数分子分母互换以后，说明问题的角度和对事物的结论是一样的。如例 4—15 中甲乙两地区的人口密度也可以这样计算：

甲地区的人口密度$=\frac{15\ 000}{760}\approx 19.74$（平方千米 /万人）

乙地区的人口密度$=\frac{18\ 000}{800}\approx 22.5$（平方千米 /万人）

计算表明：某年年底人口密度，甲地区为每万人 19.74 平方千米，乙地区为每万人 22.5 平方千米，甲地区的人口密度大于乙地区。

点拨

例4—15 中人口密度的正指标与逆指标

把人口数放在分子位置上，计算出来的数值大，说明人口的密度大，这种计算方法叫作正算法，得出的指标叫作正指标；如果把人口数放在分母位置上，计算出来的数值小，说明人口的密度大，这种计算方法叫作逆算法，得出的指标叫作逆指标。无论是正算还是逆算，结论都是一样的：甲地区的人口密度大于乙地区。所有的强度指标都有这个特点，那么，在分析问题时究竟是用正指标还是逆指标呢？这要根据人们对这一问题的认识习惯来定，比如人口密度用正指标大家容易理解和接受，就应用正指标来计算和说明。

例 4—15 中计算出的人均粮食拥有量、人均国内生产总值等指标虽然都带有“人均”两个字，但是它们都不是平均指标，两者有明显的区别。

【例 4—16】 某班上期有学生 50 名，其中有 35 名志愿者参加各种公益活动，累计做公益事项 60 件。计算和区分强度指标与平均指标。

解：强度指标$=\frac{60}{50}=1.2$（件 /人）

平均指标$=\frac{60}{35}=1.71$（件 /人）

计算表明：某班学生上学期参与公益事件的普遍程度是 1.2 件 /人；某班上学期志愿者平均每人做公益事项 1.71 件。

知识窗

强度指标与平均指标的区别

强度指标的分子分母虽然有一定联系，但是没有平均指标联系密切，例 4—16 中，分母位置上的 50 个人，就有一部分没有参与公益活动；平均指标分母位置上要放总体单位总量，分子位置上要放总体标志总量，而且每一个总体单位都具有这种标志值，分子分母联系十分紧密，如例 4—16 中 35 个人中每个人都参与了公益活动。这是两者的区别之一。

另外，两者分析说明问题的角度不一样，强度指标分析说明现象的密度、强度，平均指标说明现象的一般水平。

6. 动态相对数

动态相对数是同类指标不同时期的数值之比值。它反映现象发展的趋势和程度，常用来说明某种现象报告期（要分析研究的时期）与对比基期相比较是上升还是下降、上升多少或者下降多少，一般用百分数表示。其计算公式是：

$$动态相对数=\frac{报告期数值}{基期数值}\times 100\% \tag{4—13}$$

【例 4—17】 我国全国居民年人均可支配收入 2013 年为 18 311 元，2014 年为 20 167 元。计算动态相对数并对计算结果进行说明。

解：$2014\text{ 年与 }2013\text{ 年相比的动态相对数}=\frac{20\ 167}{18\ 311}\times 100\%\approx 110.1\%$

计算表明：我国全国居民的年人均可支配收入 2014 年是上年同期的 110.1%，比上年增长 10.1%，剔除价格因素，按照可比价，实际增长 8.0%。[①]

计算和应用动态相对数时应注意以下问题：

第一，分子上的指标数值可以是现在的，也可以是过去的，但是总是比分母位置上的指标数值距离现时近。

第二，分子分母数值不能互换。

四、计算和应用相对指标的原则

1. 正确选择对比基数

正确选择相对指标的对比基数，对于客观地分析和认识问题很重要。如何确定对比基数，主要应根据研究问题的目的而定。比如，2010 年年底我国人口总量为 134 091 万

① 资料来源：《中华人民共和国 2014 年国民经济和社会发展统计公报》。

人，这个总量指标与我国国土面积相比，反映我国的人口密度；与其他国家人口总量相比，反映我国人口与其他国家人口的差异程度；与2009年年末我国人口总量相比，反映我国人口在一年内的变化情况。究竟选择哪一个作为对比基数，就要依据分析和研究问题的目的而定。

2. 确保分子分母的可比性

分子分母在经济内容、计算范围、计算方法、计量单位、计算价格、所属时间等方面是否一致，是计算和应用相对指标的关键。如果分子分母在这些方面有任何的不一致，其计算结果都将影响到对问题的认识和评价。

3. 相对指标应与总量指标结合运用

相对指标具有抽象化的特点，从而掩盖了现象间绝对量的差别。只有把相对指标与总量指标结合运用，才能对现象有一个具体、全面的认识。比如，甲乙两个企业在一次雪灾中库存商品均损失15%，现在要组织和调动救灾力量去援助，能否平均分配？这个问题单看损失率是不妥当的，还应看两家库存总量及受损商品的总量，这样才能合理安排援助力量。

4. 多种相对指标应结合运用

每种相对数只能从一个侧面来反映和说明现象间的关系，而现象的发展变化是多方面的，要对现象做出全面的、符合实际的评价，往往需要多种相对数结合运用。比如对某个企业进行评价，2014年甲企业的增加值为160万元，乙企业为200万元；2015年甲企业的增加值为200万元，乙企业为220万元。现在要分析甲企业的发展情况：甲企业2014年增加值是乙企业的80%，2015年增加值是乙企业的90.9%，只从这两个比较指标来看，甲企业的发展不如乙企业。但是再来看动态指标的话，2015年甲企业增加值是上年的125%，乙企业是上年的110%，甲企业的发展势头强于乙企业，所以应该给予甲企业积极的评价和鼓励。

课堂讨论

分小组总结归纳六种相对指标的共同点和不同点。

第三节 平均指标

一、平均指标概述

1. 平均指标的概念

平均指标是反映同质总体内各单位某一数量标志在一定条件下所达到的一般水平的综合指标，又称平均数。如企业工人的技术水平有高有低，每天生产的产品数量有多有少，以最多或最少的产品数量来代表整个企业工人的生产水平都是不合适的，用“月人均产量”来反映企业工人的一般生产水平就比较合适。类似这样的问题有许多，通常会使用平均分数、平均价格、平均工资、平均利率等各种各样的平均数代表现象的一般水平。

2. 平均指标的特点

平均指标有两个主要特点：

第一，平均指标是一个抽象化的数值，反映现象的集中趋势。平均指标把总体各单位的差异通过计算给抹平了，抽象化为反映总体特征的综合性数值。例如，某车间有 50 名工人，月平均工资 3 432.5 元。也许 50 名工人中没有一个人的工资正好是 3 432.5 元，但是这 50 名工人的月工资数额都是围绕着 3 432.5 元上下波动的。所以说平均指标能够反映总体内各单位某一特征的集中趋势，是一个抽象化的数值。

第二，平均指标是一个代表值，它代表大多数总体单位某一标志值达到或接近的水平。例如，我国南方某市职工的月平均工资 4 800 元，北方某市职工的月平均工资 3 600 元，这两个指标分别代表两个不同地区大多数职工月工资的一般水平。平均指标的代表性对于分析问题非常重要，因此如果用一个代表性很弱的平均数，就说明不了问题的本质。平均指标究竟有无代表性以及代表性的大小主要取决于总体内部的差异程度，差异大，代表性就相对比较弱，差异小，代表性就相对强一些；另外与计算方法也有一定的关系，为了增强其代表性，应该根据具体情况选择合适的方法来计算平均数。

知识窗

平均指标在统计学及社会应用中具有重要地位

在综合指标、动态数列、指数分析、抽样推断等各种分析方法中都会用到平均数或平均的方法，在对各种社会经济问题研究分析中平均指标也常被广泛地应用。因此，平均指标在统计学及统计工作中具有十分重要的地位。

3. 平均指标的作用

第一，平均指标可用于同类现象在不同空间条件下的对比。例如，两个企业规模不同，生产的产品不同，用职工的平均工资、产品的单位成本、工人的劳动效率等平均指标就可以比较分析两个企业的工资水平及管理水平。

第二，平均指标可用于分析研究同一现象在不同时间上发展变化的趋势。例如反映我国农产品花生生产水平的变化见表 4—7。

表 4—7　　　　我国 1978—2010 年花生单位面积产量分析表

年份 指标	1978	1980	1985	1990	1995	2000	2005	2010
产量（千克 /公顷）	1 344	1 539	2 008	2 191	2 687	2 973	3 076	3 455
与前期相比（%）	—	114.5	130.5	109.1	122.6	110.6	103.5	112.3

①资料来源：《中国统计年鉴》2012 年；②1 公顷＝15 亩；③1978—1985 年时间间隔不等。

从表4—7中花生的“单位面积产量”这一平均指标可以清楚地看到，改革开放三十多年来我国花生生产水平基本上是在不断地增长，但是每年的增长幅度不大而且不均衡，说明花生靠天收的状况还比较明显。

第三，平均指标可以作为评判事物和经济活动的参考标准。例如，工人的劳动效率可以作为核定工作量的参考标准；平均工资可以作为支付赔偿额、核定社会保障金等重要数据的标准。

第四，平均指标可以分析现象之间的依存关系。例如，商品流通费用率与商品流转额之间的关系、农作物单位面积产量与施肥量之间的关系都可以用平均指标来分析说明。

4. 平均指标的种类

常用的平均指标有算术平均数（包括简单式、加权式、调和式）、位置平均数（包括众数、中位数）、几何平均数（简单式、加权式）三大类。

点拨

三大类平均数的异同

三大类平均数主要是根据所掌握的资料不同、计算方法不同而区别开的，它们的特点和经济意义都是相同的。

二、算术平均数

算术平均数是总体中各个总体单位某个数量标志的总和与总体单位总量的比值，计算分析过程中用 $\bar{x}$ 表示。

算术平均数根据所掌握的资料不同有三种计算方法，分别是简单法、加权法、调和法。它们有一个基本的计算公式：

$$算术平均数=\frac{总体标志总量}{总体单位总量} \tag{4—14}$$

与强度相对数相比，这个公式的特点是：第一，分子分母的数值有一一对应的关系；第二，分子分母不能互换。

1. 简单算术平均数

在分子分母资料齐全的条件下，可以用简单法计算平均数。

简单算术平均数计算公式：

$$\bar{x}=\frac{x_1+x_2+x_3+\cdots+x_n}{n}=\frac{\sum x}{n} \tag{4—15}$$

式中 $\bar{x}$——平均数；

x——变量值，即各个标志值；

n——总体单位数；

$\sum$——求和符号。

【例 4—18】 假设某生产小组有 7 名工人组装某种产品，某日每个人完成的数量为 30、32、35、29、38、26、25 件，计算 7 名工人当天的平均产量。

解：7 名工人的平均日产量$=\frac{\sum x}{n}=\frac{30+32+35+29+38+26+25}{7}=\frac{215}{7}$

$=30.7$（件 /人）

计算表明：7 名工人平均日产量是 30.7 件。

从上面的计算中可以看出，这种条件下计算平均数确实比较简单，但同时，简单算术平均数易受极大值或极小值的影响。因此，在一些竞技比赛中，通常会去掉一个最高分、去掉一个最低分，然后加总平均，以防个别极值抬高或拉低平均值。

2. 加权算术平均数

在分母资料齐全，缺少分子资料的情况下，可以使用加权平均法计算平均数。

计算公式为：

$$\bar{x}=\frac{x_1 f_1+x_2 f_2+x_3 f_3+\cdots+x_n f_n}{f_1+f_2+f_3+\cdots+f_n}=\frac{\sum xf}{\sum f} \tag{4—16}$$

式中　x——各组变量值；

f——各组单位数（次数、频数）。

【例 4—19】 计算某小组工人的平均日产量见表 4—8。

表 4—8　　工人平均日产量计算表

日产量 x（件 /人）	各组工人数 f（人）	各组标志量 xf
10	3	30
12	5	60
14	2	28
合　计	10	118

解：平均日产量 $\bar{x}=\frac{\sum xf}{\sum f}=\frac{118}{10}=11.8$（件 /人）

计算表明：某小组 10 名工人的平均日产量是 11.8 件。

从例 4—19 可以看出，在分组而且各组的人数（次数）不等的情况下计算平均指标，分母位置上的总体单位总量，将各组人数（次数）直接相加即可得到，分子位置上的标志总量则需要先求出各组的标志量相加后才能得到。

这种计算平均数的方法称作加权法，为什么会把这种计算方法称作加权法，把计算结果称作加权算术平均数呢？通过例 4—20 来分析说明这个问题。

【例 4—20】 比较不同的次数结构对平均数的影响，见表 4—9。

表 4—9　　工人平均日产量计算表

日产量 x（件 /人）	人数 f_1（人）	f_2（人）	f_3（人）	f_4（人）	xf_1	xf_2	xf_3	xf_4
10	2	3	30	5	20	30	300	50
12	2	5	50	3	24	60	600	36
14	2	2	20	2	28	28	280	28
合计	6	10	100	10	72	118	1180	114

解：当工人人数结构为 f_1时，平均日产量 $\bar{x}=\frac{\sum xf}{\sum f}=\frac{72}{6}=12$（件 /人），计算结果与简单算术平均数 $\bar{x}=\frac{\sum x}{n}=\frac{10+12+14}{3}=\frac{36}{3}=12$（件 /人）一样。

当工人人数结构为 f_2时，平均日产量 $\bar{x}=\frac{\sum xf}{\sum f}=\frac{118}{10}=11.8$（件 /人）。

当工人人数结构为 f_3时，平均日产量 $\bar{x}=\frac{\sum xf}{\sum f}=\frac{1\ 180}{100}=11.8$（件 /人）。

当工人人数结构为 f_4时，平均日产量 $\bar{x}=\frac{\sum xf}{\sum f}=\frac{114}{10}=11.4$（件 /人）。

分析例 4—20 计算结果：(1) 当工人结构为 f_1，即各组人数（次数）相等时，计算结果与简单法一样，各组人数对平均数没有影响。(2) 当工人总量不同但是各组的人数结构相同时，即 f_2与 f_3，计算出的平均数相同。(3) 当工人总量相同但是各组的人数结构不同时，即 f_2与 f_4，计算出的平均数不同。这说明，在工人日产量（各组变量值）一定的情况下，平均数的大小与总体人数的增多或减少无关，与各组人数的多少或结构有直接关系。

从公式（4—16）以及例 4—20 的计算和分析中不难看出，平均数的大小受两个因素的影响：一个是变量值，另一个是各组次数。如果人数结构已定，变量值增大或减小，平均数也会随着增大或减小；如果变量值已定，各组次数的多少（或结构的变化），对平均数的大小起着权衡轻重的影响。因此，通常把影响平均数大小的因素即次数称作权数，把这种计算方法称作加权法，把用这种方法计算得到的平均数称作加权算术平均数。

有时计算加权算术平均数时权数不是用次数，而是用结构相对数（比重）即$\frac{f}{\sum f}$。计算公式为：

$$\bar{x}=\sum\left(x\times\frac{f}{\sum f}\right) \tag{4—17}$$

【例 4—21】 用结构相对数（比重）计算工人的平均日产量，见表 4—10。

表 4—10　　工人平均日产量计算表

日产量 x（件 /人）	各组次数 f（人）	各组次数比重 ($f/\Sigma f$)（%）	各组产量占平均数的份额 x ($f/\Sigma f$)（件）
10	5	50	5
12	3	30	3.6
14	2	20	2.8
合计	10	100	11.4

解：平均日产量 $\bar{x}=\Sigma\left(x\times\frac{f}{\Sigma f}\right)=11.4$（件 /人）

从例 4—20、例 4—21 可以看出，用比重作为权数和用次数作为权数的计算结果是一样的，用比重计算，其权数的作用看得更直观一些。

【例 4—22】 赵楚想在本村庙会上推销一批杂拌水果糖，购进的价格及数量资料如下，计算平均购进单价。

表 4—11　　糖果平均购进价格计算表

单价 x（元 /500 克）	25	18	15	10	5	合计
购进量比重 ($f/\Sigma f$)%	10	10	10	50	20	100
x ($f/\Sigma f$)　（元 /500 克）	2.5	1.8	1.5	5	1	11.8

解：平均购进单价 $\bar{x}=\Sigma\left(x\times\frac{f}{\Sigma f}\right)=11.8$（元 /500 克）

计算表明：赵楚购进的糖果平均价格为每 500 克 11.8 元。

3. 调和平均数

在掌握了分子位置上的资料而没有分母位置上的资料时，使用调和平均法。其计算公式是：

$$\bar{x}=\frac{\Sigma m}{\Sigma\frac{m}{x}} \tag{4—18}$$

式中　m——各组的标志总量；

　　x——各组变量值。

对于公式（4—18），设 $m=xf$ 则

$$\bar{x}=\frac{\Sigma m}{\Sigma\frac{m}{x}}=\frac{\Sigma xf}{\Sigma\frac{xf}{x}}=\frac{\Sigma xf}{\Sigma f}$$

由此可见，调和法计算平均数的公式是加权法公式的变形，只是计算过程稍有不

同，如果是同样一份资料，计算的结果应该是一样的。

【例 4—23】 计算某地小麦的平均亩产量（千克 /亩），见表 4—12。

表 4—12　　某地小麦平均产量计算表

亩产量 x（千克）	各组总产量 m（千克）	播种面积 f（亩）
(1)	(2)	(3) = (2) ÷ (1)
400	66 500	166.25
450	50 000	111.11
460	68 000	147.83
合计	184 500	425.19

已知各组的亩产量、各组总产量，缺少分母资料播种面积的情况下，求总体的平均亩产量。先求出各组的播种面积，然后计算平均亩产量。

解：平均亩产量 $\bar{x}=\frac{\sum m}{\sum\frac{m}{x}}=\frac{184\ 500}{425.19}\approx 433.92$（千克 /亩）

计算表明：某地小麦的平均亩产量是 433.92 千克。

4. 组距式数列计算算术平均数

由组距式数列计算算术平均数，与前面讲到的单项式数列略有不同。

【例 4—24】 计算某地小麦的平均亩产量（千克 /亩①），见表 4—13。

表 4—13　　某地小麦平均产量计算表

亩产量（千克）	各组总产量 m（千克）	组中值　x	播种面积 f（亩）
(1)	(2)	(3)	(4) = (2) ÷ (3)
400～420	66 500	410	162.20
420～450	50 000	435	114.94
450～480	68 000	465	146.24
合　　计	184 500	—	423.38

解：平均亩产量 $\bar{x}=\frac{\sum m}{\sum\frac{m}{x}}=\frac{184\ 500}{423.38}=435.78$（千克 /亩）

计算表明：某地小麦的平均亩产量是 435.78 千克。

从例 4—24 由组距式数列计算算术平均数的过程可见，首先要计算一个组中值，见

① 1 亩 = 666.7 米^2。

表 4—13 第（3）栏，然后用组中值代表每一组的变量值计算平均数。

点拨

例4—24 中组中值的使用

例 4—24 使用组中值作为每一组的变量值计算平均亩产量，是假设每一组的所有数值都是位于组中值的位置，换句话说是假设各组的标志值是均匀分布的。但是这与实际情况并不完全吻合，因此，根据组距式数列计算的算术平均数带有一定的假定性，是一个近似值。

课堂讨论

1. 如果甲乙两个班的专业课考核平均分都是 85 分，是否说明两个班学生的实际学习状况及效果一样？如果不一样，可能会有哪几种情况？

2. 算术平均数的三种计算方法有什么相同点、不同点？

三、位置平均数

位置平均数是根据其位置而确定的平均数，包括中位数和众数。这两种平均数最大的特点是，计算时不受极大值和极小值的影响。在总体中有极大值或者极小值存在的情况下，算术平均数的代表性会受到一定影响，使用位置平均数更能够说明问题。

1. 中位数

中位数是指总体各单位标志值按照大小顺序排列后，处于变量数列中间位置的变量值，用 Me 表示。中位数的确定根据所掌握的资料不同分三种情况。

（1）由未分组资料确定中位数

【例 4—25】 某学生社团的 6 位成员，在一次大型赛事中，某项技能的得分为 3、6、7、8、8、9 分，确定中位数。

解：第一步，确定中位数的位置。

$$中位数的位置=\frac{n+1}{2} \tag{4—19}$$

式中 n——项数。

本例中，中位数所在位置$=\frac{6+1}{2}=3.5$。

第二步，计算中位数。第 3.5 项应该是第三个数值与第四个数值的平均值，所以中位数应该是$\frac{7+8}{2}=7.5$ 分。

计算表明：6 位成员的平均得分为 7.5 分。

◎ **点拨**

例4—25 中的中位数更具有代表性

例 4—25 如果用算术平均法计算平均数为 6.8 分，中位数则为 7.5 分，由于 6 位成员中有 4 位得分在 7 分以上，显而易见，中位数 7.5 分比算术平均数 6.8 分在这个具体问题中更具有代表性。

当 n 为奇数时，确定中位数的位置更加容易些，用公式（4—19）计算出中位数所在位置后，正对着那个位置上的变量值即为中位数。承例 4—25，假如有 7 名成员参赛，得分为 2、3、6、7、8、8、9 分，则中位数位置是（7+1）÷2=4，即第四个位置上的那个分数“7 分”为中位数。

（2）由单项式数列确定中位数

分组后的资料有单项式数列和组距式数列两种情况，由单项式数列确定和计算中位数的具体步骤见例 4—26。

【例 4—26】 某车间工人的日产量资料见表 4—14，确定和计算中位数。

解： 第一步，计算累计次数。

向上累计与向下累计均可，见表 4—14 第（3）（4）栏。

第二步，确定中位数的位置。

$$分组资料中位数的位置=\frac{\sum f}{2} \tag{4—20}$$

式中的 $\sum f$ 为次数之和。

本例中，中位数位置 $=\frac{\sum f}{2}=\frac{70}{2}=35$。

第三步，确定中位数。

中位数是处于数列中间位置上的那个变量值。根据计算，中间位置是累计人数第 35 名工人，本例中无论是向上累计还是向下累计，第 35 名工人均在第三组，因此，第三组所对应的日产量“18 件 /人”即为中位数。

表 4—14　　工人平均日产量计算表

日产量 x（件 /人）	工人数 f（人）	向上累计 f（人）	向下累计 f（人）
(1)	(2)	(3)	(4)
12	2	2	70
15	12	14	68
18	34	48	56
21	18	66	22
22	4	70	4
合　计	70	—	—

(3) 由组距式数列确定和计算中位数

组距式数列确定和计算中位数的具体步骤见例4—27。

【例4—27】 某公司职工的月工资资料见表4—15，确定和计算中位数。

表4—15 **某公司职工月平均工资计算表**

月工资（元）	工人数 f（人）	组中值 x（元）	向上累计 f（人）	向下累计 f（人）
(1)	(2)	(3)	(4)	(5)
1 000～1 500	200	1 250	200	1 200
1 500～2 000	300	1 750	500	1 000
2 000～2 500	360	2 250	860	700
2 500～3 000	280	2 750	1 140	340
3 000以上	60	3 250	1 200	60
合　计	1 200	—	—	—

解： 第一步，计算累计次数。向上累计与向下累计均可，见表4—15第（4）（5）栏。

第二步，确定中位数的位置。

根据公式（4—20），本例中中位数位置$=\frac{\sum f}{2}=\frac{1\ 200}{2}=600$

中位数应该在累计第600名工人所在的位置，第600名工人在第三组，第三组的月工资在2 000～2 500元，究竟是哪一个数值，还要通过计算才能够确定。

第三步，计算中位数。中位数的位置确定以后，计算中位数有两个公式。

下限公式：

$$M_e=x_1+\frac{\frac{\sum f}{2}-S_{m-1}}{f_m}\times d \qquad (4—21)（向上累计使用）$$

上限公式：

$$M_e=x_u-\frac{\frac{\sum f}{2}-S_{m+1}}{f_m}\times d \qquad (4—22)（向下累计使用）$$

式中 x_1——中位数所在组的下限；

x_u——中位数所组在的上限；

s_{m-1}——中位数所在组以下的累计次数；

s_{m+1}——中位数所在组以上的累计次数；

f_m——中位数所在组的次数；

d——中位数所在组的组距。

分别用下限公式、上限公式计算本例中的中位数：

$$M_e = x_l + \frac{\frac{\sum f}{2} - S_{m-1}}{f_m} \times d = 2\ 000 + \frac{\frac{1\ 200}{2} - 500}{360} \times 500 \approx 2\ 138.9\ (元)$$

$$M_e = x_u - \frac{\frac{\sum f}{2} - S_{m+1}}{f_m} \times d = 2\ 500 - \frac{\frac{1\ 200}{2} - 340}{360} \times 500 \approx 2\ 138.9\ (元)$$

计算表明：某公司职工的月平均工资为 2 138.9 元。

从上面的计算可见，同一份资料计算中位数，使用上限、下限公式计算结果是一样的。

2. 众数

众数是总体中出现次数最多的那个变量值，用 M_0 表示。根据所掌握资料的不同，众数的计算也分三种情况。

(1) 由未分组资料确定众数

由未分组资料确定众数，用直接观察的方法，看哪一个变量值出现次数最多，它就是众数。承接例 4—25 中，某学生社团 6 位成员的比赛得分为 3、6、7、8、8、9 分，其中有两人得 8 分，那么“8 分”即为众数。

(2) 由单项式数列确定众数

由单项式数列确定众数的具体步骤和由未分组资料确定众数的方法是一样的。根据分组资料直接观察，出现次数最多的那个组的变量值即为众数，例如表 4—14 中，出现次数最多的是第三组 34 人，那么这一组的变量值“18 件 /人”即为众数。

(3) 由组距式数列确定和计算众数

由组距式数列确定和计算众数的具体步骤如下：

第一步，确定众数所在组。

承接例 4—27，某公司职工的月工资资料见表 4—15 第 (1) (2) 栏，出现次数最多的组是第三组 360 名职工，则众数应该在这一组的 2 000～2 500 元。

第二步，计算众数。

计算众数有下限、上限公式。

下限公式：

$$M_0 = x_l + \frac{\Delta_1}{\Delta_1 + \Delta_2} \times d \qquad (4—23)$$

上限公式：

$$M_0 = x_u - \frac{\Delta_2}{\Delta_1 + \Delta_2} \times d \qquad (4—24)$$

式中 x_l——众数所在组的下限；

x_u——众数所在组的上限；

Δ_1——众数所在组的次数与其前一组次数之差；

Δ_2——众数所在组的次数与其后一组次数之差；

d——众数组的组距。

把表 4—15 中的数据代入下限公式计算众数：

$$M_0=x_1+\frac{\Delta_1}{\Delta_1+\Delta_2}\times d=2\ 000+\frac{360-300}{(360-300)+(360-280)}\times 500\approx 2\ 214.3\ (\text{元})$$

把表 4—15 中的数据代入上限公式计算众数：

$$M_0=x_u-\frac{\Delta_2}{\Delta_1+\Delta_2}\times d=2\ 500-\frac{360-280}{(360-300)+(360-280)}\times 500\approx 2\ 214.3\ (\text{元})$$

计算表明：某公司职工的月平均工资为 2 214.3 元。

同一份资料计算众数时，使用上限、下限公式计算结果是一样的。

四、算术平均数、中位数、众数的关系及应用

1. 算术平均数、中位数、众数的关系

算术平均数、中位数、众数虽然均代表总体的一般水平，反映事物的集中趋势，但是又各有其特点，而且三者之间还存在一定的数量关系，在应用时应有清楚的认识。

通过例题 4—28 来分析三者之间的数量关系。

【例 4—28】 某公司员工的月工资资料见表 4—16，计算分析算术平均数、中位数、众数。

表 4—16　　**某公司员工月平均工资计算表**

月工资（元）	工人数 f（人）	组中值 x（元）	xf	向上累计 f
(1)	(2)	(3)	(4)	(5)
1 000～1 500	200	1 250	250 000	200
1 500～2 000	220	1 750	385 000	420
2 000～2 500	360	2 250	810 000	780
2 500～3 000	220	2 750	605 000	1 000
3 000 以上	200	3 250	650 000	1 200
合　计	1 200	—	2 700 000	—

解： 这是一个变量值变动比较均匀，等距离半开口式，没有包含极大值、极小值的数列，依据其资料计算得到：

$$\text{算术平均数}\ \bar{x}=\frac{\sum xf}{\sum f}=\frac{2\ 700\ 000}{1\ 200}=2\ 250\ (\text{元/人})$$

$$\text{中位数}\ M_e=x_1+\frac{\frac{\sum f}{2}-S_{m-1}}{f_m}\times d=2\ 000+\frac{\frac{1\ 200}{2}-420}{360}\times 500=2\ 250\ (\text{元})$$

$$\text{众数}\ M_0=x_1+\frac{\Delta_1}{\Delta_1+\Delta_2}\times d=2\ 000+\frac{360-220}{(360-220)+(360-220)}\times 500=2\ 250\ (\text{元})$$

计算表明：某公司员工月工资的算术平均数、中位数、众数均为 2 250 元。

点拨

例4—28 计算出的算术平均数、众数、中位数为什么相等?

例 4—28 计算出的算术平均数、众数、中位数相等，都是 2 250 元，这和变量 x 的 1 200 个变量值（1 200 名员工的月工资数额）的分布有直接关系，x 呈现出“中间宽、两头尖”的均匀分布状态：200、220、360、220、200，这种状态称作正态分布。在正态分布状况下，三者的数值是相等的。

如果 x 不是呈现均匀的正态分布，而是适当偏态，三者会是什么样的结果？用与例 4—28 同样的步骤和方法通过计算得到 x 适当偏态分布时三者的数值及其之间的数量关系，见表 4—17。

表 4—17　适当偏态分布时算术平均数、中位数、众数关系分析表

x 值的分布状况 / 月工资 x（元）	正态分布（对称）		偏小分布		偏大分布	
	工人数 f_1（人）	比重（%）	工人数 f_2（人）	比重（%）	工人数 f_3（人）	比重（%）
(1)	(2)	(3)	(4)	(5)	(6)	(7)
1 000～1 500	200	16.7	200	16.7	60	5
1 500～2 000	220	18.3	300	25	280	23.3
2 000～2 500	360	30.0	360	30	360	30
2 500～3 000	220	18.3	280	23.3	300	25
3 000 以上	200	16.7	60	5	200	16.7
合　计	1 200	100	1 200	100	1 200	100
$\bar{x}$、M_e、M_0 三者的关系	$\bar{x}=M_e=M_0$ 均为 2 250		$\bar{x}<M_e<M_0$ 2 125<2 138.9<2 214.3		$M_0<M_e<\bar{x}$ 2 285.7<2 361.1<2 375	

点拨

解读表4—17 的计算结果

表 4—17 中，第（2）（3）栏显示变量 x 呈正态分布，即中位数组以上、以下累计次数各占总次数的 35%（16.7%+18.3%），$\bar{x}$、M_e、M_0 三者数据相等；第（4）（5）栏显示变量 x 偏小分布，即中位数组以下累计次数占总次数的 41.7%（16.7%+25%），$\bar{x}$ 趋向较小变量值，且小于 M_e、M_0；第（6）（7）栏显示变量 x 偏大分布，即中位数组以上组累计次数占总次数的 41.7%（25%+16.7%），$\bar{x}$ 趋向较大变量值，且大于 M_e、M_0。

做图来显示表 4—17 中的数据，则 x 的分布状况更加直观些，如图 4—2、图 4—3、图 4—4 所示。

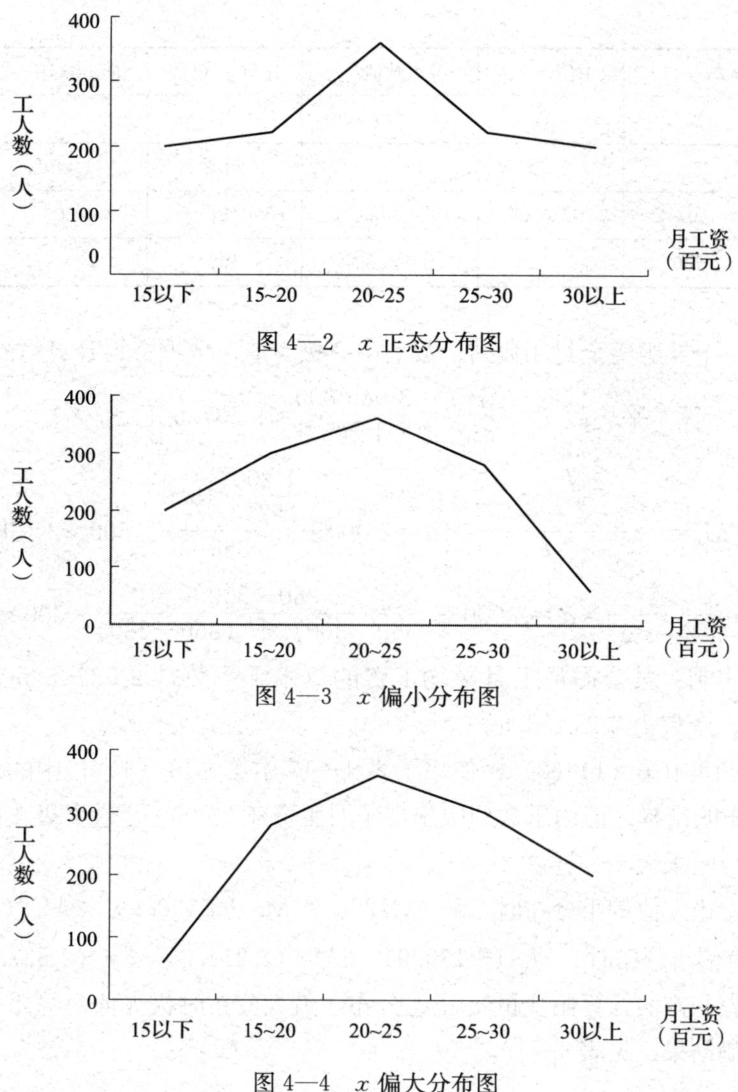

图 4—2　x 正态分布图

图 4—3　x 偏小分布图

图 4—4　x 偏大分布图

如果数列中有极大值或极小值，虽然分布状态未变，但不会呈现如表 4—17 中显示的数量关系，见例 4—29。

【例 4—29】 承接例 4—28 中某公司员工的月工资资料，在分布状态相同，但变量 x 有极大值时计算其算术平均数、中位数、众数并分析三者的关系，见表 4—18。

表 4—18　　偏小分布极大值对算术平均数、众数、中位数的影响计算分析表

月工资（元）	工人数 f（人）	组中值 x（人）	各组数值 xf	比重 f（%）	向上累计 f	各组数值（%）
(1)	(2)	(3)	(4)	(5)	(6)	(7)
1 000～1 500	200	1 250	250 000	16.7	200	8.2
1 500～2 000	300	1 750	525 000	25	500	17.2
2 000～2 500	360	2 250	810 000	30	860	26.6

续表

月工资（元）	工人数 f（人）	组中值 x（人）	各组数值 xf	比重 f（%）	向上累计 f	各组数值（%）
(1)	(2)	(3)	(4)	(5)	(6)	(7)
2 500～3 000	280	2750	770 000	23.3	1 140	25.3
3 000～2 0000	60	11 500	690 000	5	1 200	22.7
合　计	1 200	—	3 045 000	100	—	100

解：这是一个异距离全封闭数列，数列中有极大值，依据资料计算得到：

$$算术平均数\ \bar{x}=\frac{\sum xf}{\sum f}=\frac{3\ 045\ 000}{1\ 200}\approx 2\ 537.5\ (元/人)$$

$$中位数\ M_e=x_1+\frac{\frac{\sum f}{2}-S_{m-1}}{f_m}\times d=2\ 000+\frac{\frac{1\ 200}{2}-500}{360}\times 500\approx 2\ 138.9\ 元$$

$$众数\ M_0=x_1+\frac{\Delta_1}{\Delta_1+\Delta_2}\times d=2\ 000+\frac{360-300}{(360-300)+(360-280)}\times 500\approx 2\ 214.3\ 元$$

计算结果表明：某公司员工月平均工资的算术平均数是 2 537.5 元 /人、中位数是 2 138.9 元、众数为 2 214.3 元。

虽然表 4—18 中第（1）（2）栏使用了表 4—17 中第（1）（4）栏中的源数据，变量 x 仍是偏小分布的结构，但由于数列中出现了月工资额 20 000 元这个极大值，计算结果及三者的关系与原来大不一样。

表 4—17 无极大值偏小分布时，$\bar{x}$（2 125）$<M_e$（2 138.9）$<M_0$（2 214.3），表 4—18 有极大值偏小分布时，M_e（2 138.9）$<M_0$（2 214.3）$<\bar{x}$（2 537.5），

用同样步骤和方法计算出变量 x 正态分布、偏大分布时极大值对算术平均数、中位数、众数的影响结果，见表 4—19。

表 4—19　　极大值对算术平均数、中位数、众数关系的影响分析表

x 值的分布状况 / 月工资 x（元）	正态分布（对称）		偏小分布		偏大分布	
	工人数 f_1（人）	比重（%）	工人数 f_2（人）	比重（%）	工人数 f_3（人）	比重（%）
(1)	(2)	(3)	(4)	(5)	(6)	(7)
1 000～1 500	200	16.7	200	16.7	60	5
1 500～2 000	220	18.3	300	25	280	23.3
2 000～2 500	360	30.0	360	30	360	30
2 500～3 000	220	18.3	280	23.3	300	25
3 000～2 0000	200	16.7	60	5	200	16.7
合　计	1 200	100	1 200	100	1 200	100
$\bar{x}$、M_e、M_0 三者的关系	$M_0=M_e<\bar{x}$ 2 250=2 250<3 625		$M_e<M_0<\bar{x}$ 2 138.9<2 214.3<2 537.5		$M_0<M_e<\bar{x}$ 2 285.7<2 361.1<3 750	

为了便于比较分析，把表 4—17、表 4—19 中的部分数据组合在一起形成表 4—20。

表 4—20　　有极大值、无极大值分析表

x 值的分布状况 / 月工资 x（元）	正态分布（对称）	偏小分布	偏大分布
(1)	(2)	(3)	(4)
无极大值 三者的关系	$\bar{x}=M_e=M_0$ 均为 2 250	$\bar{x}<M_e<M_0$ 2 125<2 138.9<2 214.3	$M_0<M_e<\bar{x}$ 2 285.7<2 361.1<2 375
有极大值 三者的关系	$M_0=M_e<\bar{x}$ 2 250=2 250<3 625	$M_e<M_0<\bar{x}$ 2 138.9<2 214.3<2 537.5	$M_0<Me<\bar{x}$ 2 285.7<2 361.1<3 750

依据表 4—17、表 4—18、表 4—19、表 4—20 的计算结果，综合分析算术平均数、中位数、众数的特点及数量关系：

(1) 在没有极值的情况下，算术平均数的大小与变量值在各组的分布次数有关

正态分布时它与众数、中位数相等，适当偏态时它趋近分布次数比较多的变量值；众数接近于次数较多的变量值；中位数则始终处于所有变量值的中间位置。

(2) 极大值对算术平均数的影响显著

在有极大值的情况下，算术平均数的大小与变量值在各组的分布次数仍然有一定关系，但极大值的影响十分显著，无论偏小分布、偏大分布，还是正态分布，算术平均数均大于中位数和众数许多；而众数、中位数是由其位置而定的，其数值则与无极大值时的计算结果一样；与无极大值数列对比，三种分布的曲线状态与其基本一致，区别是曲线均与 x 轴同方向延伸，如图 4—5、图 4—6、图 4—7 所示。

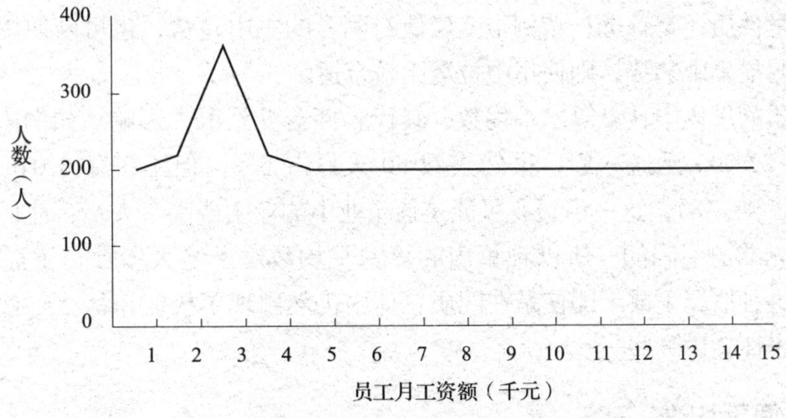

图 4—5　x 有极大值正态分布图

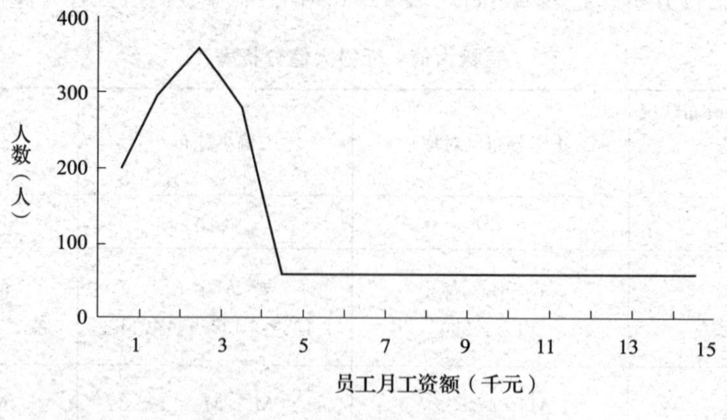

图 4—6　x 有极大值偏小分布图

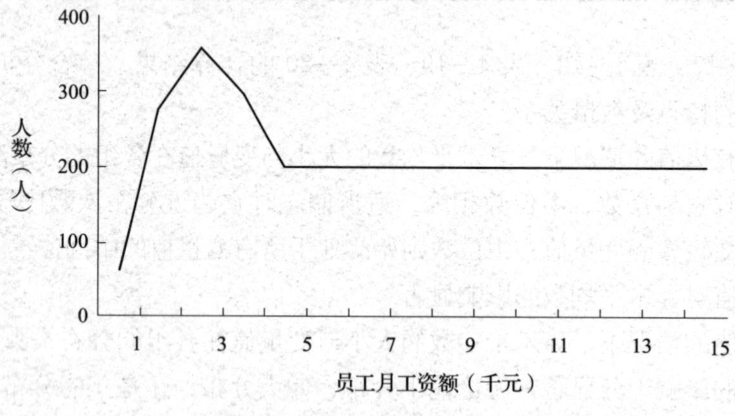

图 4—7　x 有极大值偏大分布图

2. 算术平均数、中位数、众数的应用

综上所述，在应用时首先尽可能在同质总体中计算几种平均指标，如例 4—28，计算结果三者的数据差别不大，那么由于算术平均数具有包含数据全、计算简单、明了直观的优良数学性质，是首选；该例中变量值有明显的集中趋势，也可以使用众数；如果变量值没有明显集中趋势，则使用中位数比较合适。

在不同质的总体中计算算术平均数，其代表性会受到很大影响。如例 4—29 中，月收入 3 000～20 000 元这一组，虽然人数 60 人只占 5%，但工资额 3 045 000 元却占 22.7%（见表 4—18)，这一组极有可能是该企业中的业主或高管人员，他们与众多一线职工的分配标准是不同的，所以计算出的算术平均数对于绝大多数员工而言没有代表性。如果在这种情况下或者即使是在同质总体中仍然出现了极值，那么应首选众数或中位数，其代表性会更高些。

五、几何平均数

几何平均数是 n 项变量值连乘积的 n 次方根。它适合计算平均速度、平均比率等指标，例如某地区经济发展的年平均速度，某金融机构的平均利率，某产品几道工序的平均合格率等。

计算几何平均数有简单式和加权式两种情况。

1. 简单几何平均数

简单几何平均数适用于未分组资料计算平均比率或平均速度，其计算公式为：

$$\bar{x}_G=\sqrt[n]{x_1\ x_2\ x_3\cdots x_n}=\sqrt[n]{\pi x} \tag{4—25}$$

式中　$\bar{x}_G$——几何平均数；

n——变量值项数；

π——连乘符号。

【例 4—30】 某公司某种电器产品有流水线作业生产车间四个，四个车间某季度产品的合格率分别是 96%、96%、95%、98%，计算其平均合格率。

解： 平均合格率$\bar{x}_G=\sqrt[n]{\pi x}=\sqrt[4]{96\%\times 96\%\times 95\%\times 98\%}\approx 96.24\%$

计算表明：四个流水线作业车间某种电器产品的平均合格率是 96.24%。

2. 加权几何平均数

加权几何平均数适用于分组资料计算平均比率或平均速度，其计算公式为：

$$\bar{x}_G=\sqrt[\Sigma f]{x_1^{f_1}\ x_2^{f_2}\ x_3^{f_3}\cdots x_n^{f_n}}=\sqrt[\Sigma f]{\pi\ x^f} \tag{4—26}$$

式中　f——变量值项数；

$\sum f$——项数之和。

【例 4—31】 某商户在银行存款，第 1～3 年的本利率是 102%，第 4～5 年的本利率是 104%，第 6～8 年的本利率是 103%，计算该商户 8 年间的年平均本利率。

解： 依题意有：

年平均本利率$\bar{x}_G=\sqrt[\Sigma f]{x_1^{f_1}\ x_2^{f_2}\ x_3^{f_3}\cdots x_n^{f_n}}=\sqrt[8]{(102\%)^3\times(104\%)^2\times(103\%)^3}$

两边取对数得：

$$\lg \bar{x}_G=\frac{1}{8}\ (3\lg 102+2\lg 104+3\lg 103)\ \approx\frac{1}{8}\times 16.098\ 4=2.012\ 3$$

查反对数表得$\bar{x}_G=102.9\%$

计算表明：该商户 8 年间年平均存款本利率为 102.9%，利率为 2.9%（102.9%－100%）。

点拨

例4—30、例 4—31 的计算方法

例 4—30 中计算几何平均数采用的是直接用计算器开 4 次方，这种方法最简单；例 4—31 中用的是对数计算方法，这是开高次方常用的方法；如果需要开 5 次方，可以使用 5 年平均速度查对表（参见表 5—24）。

六、计算和应用平均指标的原则

1. 平均指标只能运用于同质总体

平均指标计算和表明的是同质总体的状况，只有在同质总体内，各单位才具有共同的特征，才能计算和使用平均数来说明现象的一般水平，如果把不同总体放在一起计算平均数，会扭曲事物的本质。例如，把企业投资人和生产一线的职工合在一起计算平均工资，把发达地区和欠发达地区混在一起计算经济发展速度或者人均收入等平均指标，都是违背这个原则的做法。违背这一原则计算出的平均指标，其代表性会受到人们的质疑。

2. 应以组平均数补充说明总平均数

用组平均数来补充说明总平均数，可以更好地揭示事物内部结构的影响，避免对事物的片面认识。例如，分析两个企业工人的平均工资，见表4—21。

表4—21　　甲乙两企业工人平均工资分析表

指标 岗位	甲企业			乙企业		
	平均工资（元/人）	人数（人）	工资总额（元）	平均工资（元/人）	人数（人）	工资总额（元）
普通工人	1 500	120	180 000	1 600	105	168 000
技术工人	3 000	80	240 000	3 100	45	139 500
合计	2 100	200	420 000	2 050	150	307 500

分析表4—21，从总平均数来看，甲企业2 100元（420 000÷200）大于乙企业的2 050元（307 500÷150）；从组平均数来看，甲企业普通工人组、技术工人组的平均工资都小于乙企业的同类型组。为什么甲企业两个组平均数都小于乙，而总平均数却大于乙呢？主要是因为工人的结构有差别，甲企业工资水平较高的技术工人所占的比重为40%（80÷200）大于乙企业的30%（45÷150）。如果不参考组平均数，就会片面地认为甲企业工人的工资水平高于乙企业，而实际上这个结论是与事实不相符的。

3. 应以分配数列补充说明平均数

用分配数列补充说明平均数，能够使我们了解总体各单位的差异状况。

【例4—32】 某大型企业集团的35个下属企业上年完成利润计划情况见表4—22，分析说明企业完成计划的情况。

表4—22　　某企业集团利润计划完成计算表

计划完成百分数（%）	企业数（家）	实际利润（万元）	计划利润（万元）
80以下	2	22	30
80～99	4	30	32

续表

计划完成百分数（%）	企业数（家）	实际利润（万元）	计划利润（万元）
100～120	25	260	226
120 以上	4	80	64
合计	35	392	352

解：计划完成百分数$=\frac{\text{实际完成数}}{\text{计划任务数}}\times 100\%=\frac{392}{352}\approx 111.4\%$。

计算结果表明：某企业集团 35 个下属单位平均完成利润计划程度为 111.4%。

综合分析：某企业集团利润计划整体完成得比较好，平均超额完成计划 11.4%；但是如果结合分配数列来看，计划完成情况并不均衡，有 6 个单位未完成预定计划，应该分析原因，进一步挖掘积极的因素，为下一个计划期的经营创造条件。

4. 应结合标志变异指标说明平均数的代表性

平均数的代表性是应用平均指标最为核心的问题。标志变异指标能够测定总体各单位的差异程度，从而衡量平均数的代表性。因此可以形象地说，平均指标和标志变异指标是一对亲密伙伴，两者结合应用，更具有说服力。

第四节　标志变异指标

一、标志变异指标概述

1. 标志变异指标的概念

标志变异指标是反映总体各单位标志值差异程度的综合指标。标志的差异程度也被叫作离散程度、离中程度。变异指标也被称作标志变动度，用它来衡量总体各单位某种标志的离散程度。

平均指标是把总体各个单位的某种差异抽象化，以反映现象的集中趋势。通过平均指标只能看出现象的一般水平，而看不出内部的差异状况。但是每一个同质总体内部都存在着差异，这是客观现实，要对事物进行全面而又深入的研究，就有必要对这种差异进行计算和分析，标志变异指标就用来解决这样的问题。

2. 标志变异指标的作用

标志变异指标的作用主要有两个方面：

第一，测定和评价平均数的代表性。

通过计算标志变异指标能够测定和评价平均数的代表性。

【例 4—33】 有两个统计学习小组，每个小组统计课的考核成绩如下：

甲小组：75、76、81、83、95　　平均分＝82

乙小组：68、76、78、89、99　　平均分＝82

甲乙两个小组的平均分虽然都是82分，但是可以明显地看出，甲组内部五位学生的差异小一些，乙组内部的差异大一些，因此甲组平均分的代表性要比乙组的强一些。通过计算和分析标志变异指标，可以对各种平均指标的代表性做出比较准确的认识和评价。

第二，研究现象发展变化的稳定性、均衡性。

研究工业生产过程中产品质量的稳定性、农作物新品种的筛选和推广、经济活动过程的均衡性等，都会用到标志变异指标。例如，家用电器、食品、各种生活用品的质量达标检测，如果各批产品之间的差异小，说明质量稳定；如果差异大，说明质量不稳定，就有必要进一步查找原因，进行改进。又如，一种新型小麦品种是否有推广价值，应看其在各种自然条件下平均产量的差异状况，差异大则推广价值小，差异小则推广价值大。再如，某企业各月完成全年利润计划的进度差异大，表明生产经营不均衡，不利于如期全面完成计划，差异小则表明生产经营稳定均衡。这些作用的发挥都要通过计算和分析各种标志变异指标来实现。

3. 标志变异指标的种类

标志变异指标主要有极差、平均差、标准差和离散系数。四种标志变异指标的区别在于处理资料的方法不同，但其经济意义和分析说明的方法都一样。

二、极差

极差是数列中最大的标志值与最小的标志值之差，用“R”表示。极差反映了总体内部标志变动的最大可能范围，极差大，表明总体各单位的差异大，平均数的代表性相对弱（小）；极差小，表明总体各单位的差异小，平均数的代表性相对强（大）。计算公式为：

$$R=\text{最大变量值}-\text{最小变量值} \tag{4—27}$$

承例4—33，甲组的极差＝95－75＝20分，乙组的极差＝99－68＝31分，在平均分相等的条件下，甲组的极差小于乙组，说明甲组内部考核成绩的差异小于乙组，所以，甲组平均分的代表性大于乙组。

从上面的计算和分析可以看出，极差计算方法简单，计算结果的意义具体明了，是测定标志变动程度最为简便易行的方法。在工业产品的生产过程中，很多产品的质量指标规定在一定误差范围内，超出一定范围，就应查找原因，因此极差常被用来检查产品质量的稳定性和进行质量控制。但是，它易受极大值、极小值的影响，不能反映中间各项标志值的变动情况，而且无法显示次数分配的影响，所以，它适合对现象做粗略的计算分析。

三、平均差

平均差是总体各单位标志值与总体平均数离差绝对值的平均数，用“AD”表示。由于各项离差之和等于 0，所以在计算过程中，采用离差的绝对值。平均差是根据所有标志值计算的，与极差相比，更能够综合反映总体各单位标志值的差异程度。平均差大，表明总体内部的差异大，平均数的代表性小；平均差小，表明总体内部的差异小，平均数的代表性大。

根据掌握的资料不同，平均差有简单式和加权式两种计算方法。

1. 简单平均差

未分组资料使用简单平均差的计算方法，计算公式如下：

$$AD=\frac{\sum|x-\bar{x}|}{n} \tag{4—28}$$

式中　AD——平均差；

x——各组变量值；

$\bar{x}$——平均值；

n——项数。

【例 4—34】 承接例 4—33，计算分析甲乙两个学习小组的平均差。

表 4—23　　**平均差计算表**

甲小组			乙小组		
分数 x（分）	$x-\bar{x}$	$\|x-\bar{x}\|$	分数 x（分）	$x-\bar{x}$	$\|x-\bar{x}\|$
(1)	(2)	(3)	(4)	(5)	(6)
75	−7	7	68	−14	14
76	−6	6	76	−6	6
81	−1	1	78	−4	4
83	1	1	89	7	7
95	13	13	99	17	17
合计	0	28	合计	0	48

解： 甲组平均差 $AD=\frac{\sum|x-\bar{x}|}{n}=\frac{28}{5}=5.6$（分）

乙组平均差 $AD=\frac{\sum|x-\bar{x}|}{n}=\frac{48}{5}=9.6$（分）

计算表明：甲组五名学生之间统计课考核成绩各有差异，平均差异是 5.6 分，乙组五名学生之间统计课考核成绩的平均差异是 9.6 分；在甲乙两组平均分相等的情况下，甲组的差异小于乙组，说明甲组平均分的代表性大于乙组。

2. 加权平均差

对于分组资料使用加权平均差的计算方法，计算公式如下：

$$AD=\frac{\sum|x-\bar{x}|f}{\sum f} \tag{4—29}$$

式中 AD——平均差；

x——各组变量值；

$\bar{x}$——平均值；

f——各组次数或频数。

【例 4—35】 承接例 4—33，假设甲小组人数及结构均有变化，见表 4—24，计算甲小组的平均差。

表 4—24　　甲学习小组平均差计算表

分数 x（分）	人数 f（人）	xf	$x-\bar{x}$	$\|x-\bar{x}\|$	$\|x-\bar{x}\|f$
(1)	(2)	(3)	(4)	(5)	(6)
75	2	150	−6.6	6.6	13.2
76	3	228	−5.6	5.6	16.8
81	4	324	−0.6	0.6	2.4
83	4	332	1.4	1.4	5.6
95	2	190	13.4	13.4	26.8
合计	15	1 224	2	—	64.8

解： 甲组平均分 $\bar{x}=\frac{\sum xf}{\sum f}=\frac{1\ 224}{15}=81.6$（分/人）

甲组平均差 $AD=\frac{\sum|x-\bar{x}|f}{\sum f}=\frac{64.8}{15}=4.32$（分/人）

计算表明：甲组的平均分为 81.6 分，平均差为 4.32 分。

如果乙组人数结构也有变化，那么用同样的方法可以计算出乙组的平均分和平均差，然后对两个小组的平均数进行分析说明。

点拨

解读例4—33、例 4—35 的计算结果

例 4—33 和例 4—35 中，甲小组的变量值未变，但是计算出的平均分数分别是 82 分、81.6 分。为什么会不同？是因为人数结构有变化，例 4—33 各组人数（或比重）相同都是1（或 20%），而例 4—35 各组人数（或比重）不同。这种结构的变化还引起各组变量值与平均数离差之和的变化：前者为 0，后者为 2。

想一想?

如果例 4—34 和例 4—35 中，直接用各个变量值与平均数的离差（$x-\bar{x}$）之和来计算平均差，会是什么结果?

四、标准差

为了解决各个变量值与总体平均数的离差正负抵消后无法计算平均差的问题，采用了取绝对值的办法来计算。除此以外，还可以用平方的办法来解决正负离差相互抵消的问题，这种方法的计算结果叫作标准差。

标准差是总体各单位标志值与其平均数的离差平方的算术平均数的平方根，又称作均方差，用“σ”表示（σ 读作西格玛)。标准差的平方称作方差，用“σ^2”表示。标准差与平均差的实质是一样的，只是对离差的数学处理方法有所不同。标准差采用取离差平方的方法来消除正负离差，比平均差更为合理和优越，因此，标准差是最常用的标志变异指标之一。

标准差的计算也有两种方法，一种是简单式，另一种是加权式。

1. 简单标准差

未分组资料使用简单标准差的计算方法，计算公式如下：

$$\sigma=\sqrt{\frac{\sum(x-\bar{x})^2}{n}} \qquad (4—30)$$

式中 x——各组量变量值；

$\bar{x}$——平均值；

n——项数。

【例 4—36】 承接例 4—33，计算分析甲乙两个学习小组的标准差，见表 4—25。

表 4—25 **标准差计算表**

甲小组			乙小组		
分数 x（分）	$x-\bar{x}$	$(x-\bar{x})^2$	分数 x（分）	$x-\bar{x}$	$(x-\bar{x})^2$
(1)	(2)	(3)	(4)	(5)	(6)
75	−7	49	68	−14	196
76	−6	36	76	−6	36
81	−1	1	78	−4	16
83	1	1	89	7	49
95	13	169	99	17	289
合计	0	256	合计	0	586

解：甲组标准差 $\sigma=\sqrt{\dfrac{\sum(x-\bar{x})^2}{n}}=\sqrt{\dfrac{256}{5}}\approx 7.2$（分）

乙组标准差 $\sigma=\sqrt{\dfrac{\sum(x-\bar{x})^2}{n}}=\sqrt{\dfrac{586}{5}}\approx 10.8$（分）

计算表明：甲组五名学生之间统计课考核成绩的标准差为 7.2 分，乙组五名学生之间统计课考核成绩的标准差为 10.8 分；在甲乙两组平均分相等的情况下，甲组的差异小于乙组，说明甲组平均分的代表性大于乙组。

2. 加权标准差

分组资料使用加权标准差的计算方法，计算公式如下：

$$\sigma=\sqrt{\frac{\sum(x-\bar{x})^2 f}{\sum f}} \tag{4—31}$$

式中　x——各组变量值；

$\bar{x}$——平均值；

f——各组次数或频数。

【例 4—37】 某科研所在相同的自然条件下栽种甲乙两种水稻。其中，乙品种平均亩产 662.5 千克，标准差 34.5 千克。甲品种的资料见表 4—26，计算甲品种的平均亩产量和标准差，分析计算结果。

表 4—26　　甲品种水稻亩产量标准差计算表

田块号码	播种面积 f（亩）	组产量 m（千克）	亩产量 x（千克/亩）	$x-\bar{x}$	$(x-\bar{x})^2$	$(x-\bar{x})^2 f$
（甲）	(1)	(2)	(3)	(4)	(5)	(6)
第一	1.5	900	600	−63.3	4 006.9	6 010.3
第二	3.5	2 310	660	−3.3	10.9	38.1
第三	4	2 760	690	26.7	712.9	2 851.6
合计	9	5 970	663.3	—	—	8 900

解：甲品种的平均单产 $\bar{x}=\dfrac{\text{总产量}}{\text{总播种面积}}=\dfrac{5\,970}{9}\approx 663.3$（千克 /亩）

甲品种的标准差 $\sigma=\sqrt{\dfrac{\sum(x-\bar{x})^2 f}{\sum f}}=\sqrt{\dfrac{8\,900}{9}}\approx 31.4$（千克/亩）

计算表明：甲品种的平均亩产量是 663.3 千克，标准差是 31.4 千克。比较甲乙两个水稻品种，在相同的自然条件下，平均亩产量基本相等，标准差甲品种 31.4 千克/亩小于乙品种的 34.5 千克/亩，说明甲品种产量的稳定性略好于乙品种，应优先推广甲品种水稻的种植。

想一想？

前面所了解到的极差、平均差、标准差三种标志变异指标，其共同的应用条件是平均数相等或基本相等，在这个条件下，才能比较标志变异指标的大小，判断平均指标的代表性或现象的均衡性。如果平均数不等甚至差别很大，还能够应用这些标志变异指标吗？

五、离散系数

在不同的地域、不同的生产方式、不同的生活条件下，同一种现象的平均值会有差别，甚至差别悬殊；或者各种条件可比，但用前几种方法计算出的平均指标、变异指标也很接近。这时要分析现象的变异状况，就要用离散系数。

离散系数也称标志变动系数。它是极差、平均差或标准差与其平均数的比值，以百分数作为计量单位，最常用的是标准差离散系数，用“ν_σ”表示。

标准差离散系数计算公式为：

$$\nu_\sigma=\frac{\sigma}{\bar{x}}\times 100\% \qquad (4—32)$$

式中　ν_σ——标准差离散系数；

σ——标准差；

$\bar{x}$——平均值。

离散系数值越小，说明平均数的代表性越好；离散系数值越大，说明平均数的代表性越差。

【例 4—38】 飞翔实业公司生产某种机器零件，工人的平均日产量是 32 件，标准差是 5 件。新兴实业公司生产同一种机器零件，工人的日产量资料见表 4—27 第（1）（2）栏，计算比较两个企业工人平均日产量的代表性。

表 4—27　　工人平均日产量标准差计算表

日产量（件 /人）	工人 f（人）	组中值 x	xf	$x-\bar{x}$	$(x-\bar{x})^2$	$(x-\bar{x})^2f$
(1)	(2)	(3)	(4)	(5)	(6)	(7)
6～8	6	7	42	−2.9	8.41	50.46
8～10	8	9	72	−0.9	0.81	6.48
10～12	12	11	132	1.1	1.21	14.52
12 以上	4	13	52	3.1	9.61	38.44
合计	30	—	298	—	—	109.9

解： 新兴公司的平均日产量 $\bar{x}=\frac{\sum xf}{\sum f}=\frac{298}{30}\approx 9.9$（件 /人）

新兴公司的标准差 $\sigma=\sqrt{\frac{\sum(x-\bar{x})^2f}{\sum f}}=\sqrt{\frac{109.9}{30}}\approx 1.91$（件）

新兴公司日产量的离散系数$\nu_\sigma=\frac{\sigma}{\bar{x}}\times100\%=\frac{1.91}{9.9}\times100\%\approx19.3\%$

飞翔公司日产量的离散系数$\nu_\sigma=\frac{\sigma}{\bar{x}}\times100\%=\frac{5}{32}\times100\%\approx15.6\%$

计算表明：平均日产量飞翔公司是32件，新兴公司是9.9件。离散系数飞翔公司是15.6%，新兴公司是19.3%。新兴公司的离散系数大于飞翔公司，说明新兴公司工人的日产量差别大于飞翔公司，其平均数的代表性小于飞翔公司。

点拨

例4—38的计算方法

例4—38中，由于两个企业的平均日产量相差很大，直接用标准差不能判断究竟哪一个变异大。然而两个企业的标准差是在各自平均日产量的基础上计算得到的，因此用各自的标准差占各自平均日产量的比重这样一个相对数来进行比较分析，是比较合适的。

课堂讨论

标志变异指标中的极差、平均差、标准差、离散系数，从表现形式（计量单位）看分别属于什么指标（绝对数、平均数、相对数）？

逻辑简图

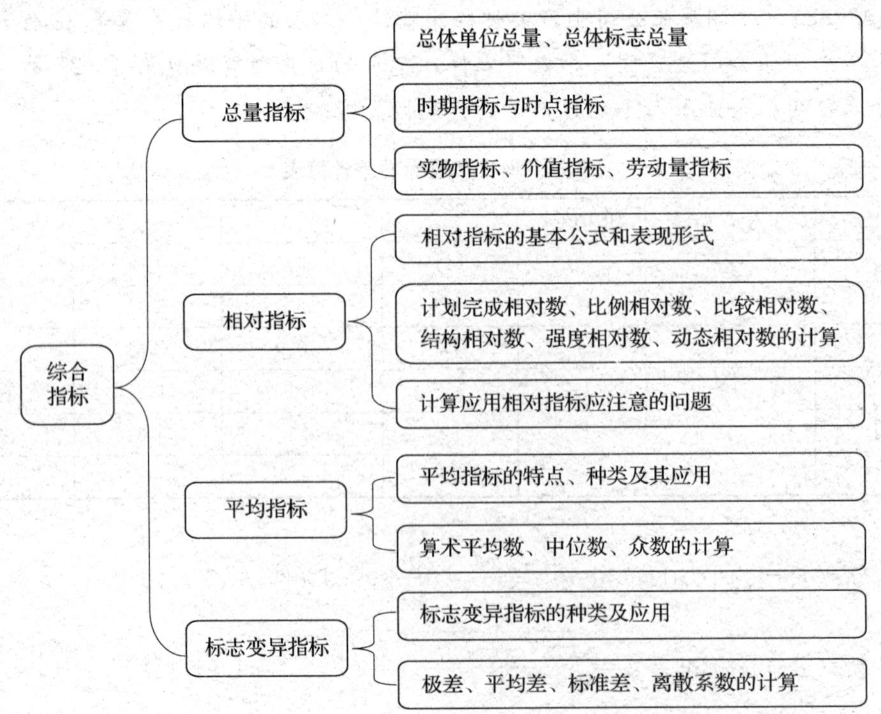

思考与练习

一、简答题

1. 总量指标的作用有哪些？

2. 从哪些方面能够区分出强度指标与平均指标？

3. 计算和应用相对指标应注意哪些问题？

4. 平均指标有哪些主要作用？

5. 计算和应用平均指标的原则有哪些？

6. 标志变异指标是如何测定和评价平均数代表性的？

二、计算题

1. 某企业计划本年第一季度单位成本比去年同期降低5%，实际执行结果降低3%，该企业完成计划了吗？

2. 某企业本年度前三季度利润计划完成情况如下表，计算分析各个季度计划完成的结果；计算各个季度末年度计划执行进度，并分析该企业能否完成全年的利润计划。

某企业计划执行进度计算表　　单位：万元

季　度	计划利润	实际利润	各季实际完成计划百分数	累计实际利润	累计完成全年计划百分数
（甲）	（1）	（2）	（3）	（4）	（5）
一季度	145	142			
二季度	155	156			
三季度	150	148			
四季度	150	—	—	—	—
全年合计	600	—	—	—	—

注：第（3）（4）（5）栏为计算栏。

3. 我国大陆2000年11月1日0时0点第五次全国人口普查、2010年11月1日0时0点第六次全国人口普查资料如下，以2010年男性人口为例，计算分析结构相对数、动态相对数、比例相对数。

我国大陆人口资料　　单位：万人

指　标	2000年	2010年	比重（%）		增长	
			2000年	2010年	增长量	增长幅度（%）
（甲）	（1）	（2）	（3）	（4）	（5）	（6）
总人口	126 583	133 972				
男性人口	65 355	68 685				

续表

指标	2000年	2010年	比重（%）		增长	
			2000年	2010年	增长量	增长幅度（%）
（甲）	（1）	（2）	（3）	（4）	（5）	（6）
女性人口	61 228	65 287				
其中：0～14岁	28 979	22 246				
15～59岁	84 437	93 961				
60岁及以上	13 167	17 765				

资料来源：《2010年第六次全国人口普查主要数据公报（第1号）》《2000年第五次全国人口普查主要数据公报（第1号）》。

4. 甲乙两个企业工人生产某种日用品的日产量见下表，计算甲乙两个企业工人的平均日产量，从结构上分析两个企业平均日产量的不同。

工人平均日产量计算表

日产量 x（件/人）	甲企业		乙企业		各组日产量（件）	
	人数 f_1（人）	比重（%）	人数 f_2（人）	比重（%）	xf_1	xf_2
（1）	（2）	（3）	（4）	（5）	（6）	（7）
20	9		20			
22	12		30			
24	25		90			
25	11		35			
26	3		25			
合计	60		200			

注：第（3）（5）（6）（7）为计算栏。

第五章 动态数列

学习目标

- 了解动态数列的概念和种类
- 掌握动态数列水平指标、速度指标的计算
- 掌握直线趋势测定的方法

动态数列是从数量方面研究社会经济现象发展变化过程和发展趋势的分析方法。本章主要介绍动态数列的概念和种类、动态数列的水平指标和速度指标以及现象的直线趋势分析等内容。

第一节 动态数列概述

一、动态数列的概念

客观事物是不断发展变化的，对事物的研究不能只限于静态的研究，还要进行动态分析。动态就是现象在不同时间上的发展变化。

动态数列是指将反映社会经济现象的某个统计指标的数值按照时间的先后顺序排列所形成的一列数，又称时间数列。如我国历年钢材产量见表 5—1。

表 5—1　我国历年钢材产量资料　单位：万吨

年份	2005	2006	2007	2008	2009	2010	2011	2012
钢产量	37 771	46 893	56 561	58 488	69 405	80 277	88 620	95 318

资料来源：国家统计局信息中心，《中华人民共和国 2012 年国民经济和社会发展统计公报》。

动态数列由两个基本要素组成：一是现象所属的时间，它可以是某个时期，如某一年、某一月等，也可以是某个时点，如某月末、某年末等；二是现象在相应时间上所达

到的发展水平，即统计指标的数值，它可以是总量指标，也可以是相对指标或平均指标。

二、动态数列的种类

动态数列的种类见表5—2。

表5—2　动态数列的种类

种类	含义	举例
绝对数动态数列	时期数列：由时期指标构成的动态数列	总产量、销售额、国内生产总值等指标构成的动态数列
	时点数列：由时点指标构成的动态数列	存款余额、库存量、年末人口数量等指标构成的动态数列
相对数动态数列	由一系列相对数构成的动态数列	及格率、人口密度、城镇人口比重等指标构成的动态数列
平均数动态数列	由一系列平均数构成的动态数列	平均成绩、平均工资、粮食单位面积产量等指标构成的动态数列

1. 绝对数动态数列

绝对数动态数列是由一系列绝对数和相应的时间项构成的动态数列，按其指标所反映的时间状况不同，又可分为时期数列和时点数列。

（1）时期数列及其特点

时期数列是把反映社会经济现象一定时期内发展总量的统计指标，按照时间先后顺序排列所形成的动态数列，如我国“十一五”期间国内生产总值见表5—3。

表5—3　我国“十一五”期间国内生产总值

指标＼年份	2005	2006	2007	2008	2009	2010
国内生产总值（亿元）	185 895.8	217 656.6	268 019.4	316 751.7	345 629.2	408 903.0

资料来源：国家统计局网站2015年发布数据。

时期数列具有三个特点：

第一，时期数列中的每个指标数值都是通过连续不断的登记取得的。

第二，时期数列中的每个指标的数值可以相加累计，相加后表明现象在更长一段时期内发展的总量。

第三，时期数列中每个指标数值大小与时期的长短有直接的关系。一般地说，时期越长，指标的数值就越大；时期越短，指标的数值就越小。这里的“时期”是指在动态数列中，每个指标所包括的时间长度。

（2）时点数列及其特点

时点数列是把反映社会经济现象某一时点状况的同类指标数值按时间先后顺序排列所形成的动态数列，如我国2005～2010年年末人口总量见表5—4。

表5—4　　我国2005—2010年年末人口总量

指标 \ 年份	2005	2006	2007	2008	2009	2010
年末人口总量（万人）	130 756	131 448	132 129	132 802	133 450	134 091

资料来源：国家统计局网站2015年发布数据。

时点数列具有三个特点：

第一，时点数列中的每个指标的数值都是通过间隔一段时间一次取得的。

第二，时点数列中的每个指标数值不能相加，相加后无任何实际意义。

第三，时点数列中的每个指标数值的大小与时点的间隔长短无直接关系。这里的“间隔”是指在时点数列中，相邻的两个指标数值在时间上的距离。

2. 相对数动态数列

相对数动态数列是由一系列相对指标和相应的时间项构成的一列统计指标。相对指标有计划完成相对数、结构相对数、比例相对数、比较相对数、强度相对数、动态相对数等多种相对数，这些相对指标与时间结合可以构成不同的相对数动态数列，表5—5即是由结构相对数和其相应时间构成的动态数列。

表5—5　　我国“十一五”期间城镇人口占总人口的比重

指标 \ 年份	2005	2006	2007	2008	2009	2010
城镇人口的比重（%）	43.0	44.3	45.9	47.0	48.3	50.0

资料来源：国家统计局网站2015年发布数据。

3. 平均数动态数列

平均数动态数列是由一系列平均指标和相应的时间项构成的一列统计指标。表5—6即是平均数动态数列。

表5—6　　我国“十一五”期间粮食单产

指标 \ 年份	2005	2006	2007	2008	2009	2010
粮食单产（千克/公顷）	4 642	4 745	4 748	4 951	4 871	4 974

资料来源：国家统计局网站2015年发布数据。

三、编制动态数列的原则

编制动态数列的目的是通过对动态数列中某一指标在不同时间上的数值进行对比分

析，进而研究社会经济现象的发展趋势和规律性。因此，保证动态数列中同一指标各数值的可比性是编制动态数列的基本原则，具体应注意以下几点。

1. 时期长短应相等

时期数列的各项指标数值与时期的长短有直接关系，只有数列中各个时期相等，各项指标才具有可比性。

2. 总体范围应一致

时期指标数值不仅受时间长短的影响，而且还受指标所反映的总体空间范围的影响。例如，某个地区的行政区划分发生了变化，则变化前后各期的指标不能直接进行对比，必须对指标数值进行适当的调整，求得总体范围一致后，才能进行动态对比。

3. 指标经济内容应相同

指标经济内容即指标的内涵和外延，表现为指标的计算范围。有些指标，其名称没有变化，但其计算范围发生了变化，则不能和变化前直接对比，否则就会得出错误的结论。

4. 指标的计算方法应一致

计算方法包括计算价格和计量单位，不同时期计算价格或计量单位不一致时，要按一定的方法进行调整或换算后才能进行对比分析。

课堂讨论

动态数列与次数分配数列的构成要素有哪些不同？

第二节　动态数列的水平指标

动态数列的水平指标主要有发展水平、平均发展水平、增长量和平均增长量四种。

一、发展水平

发展水平是动态数列中的每一个指标数值，用“a”表示。在不同的情况下发展水平有不同的名称，见表 5—7、表 5—8。

表 5—7　　动态数列中的发展水平

分类	名　称	实例或含义
按动态数列指标的表现形式不同	绝对水平	表 5—8 中各个年份的粮食产量
	相对水平	表 5—5 中各个年份城镇人口的比重
	平均水平	表 5—6 中各个年份的粮食单产

续表

分类	名　称	实例或含义
按指标在动态数列中所处的位置不同	最初水平	数列中第一个数值，用“a_0”表示
	中间水平	第二个至倒数第二个数值，用“a_1，a_2，…，a_{n-1}”表示
	最末水平	数列中最后一个数值，用“a_n”表示
按指标在计算中所处的位置不同	基期水平	分母位置上，作为对比基数时期的水平
	报告期水平	分子位置上，所要分析研究时期的水平

想一想?

表 5—8 中各个指标数值被称作什么？

表 5—8　　我国“十一五”期间粮食总产量

指标 \ 年份	2005	2006	2007	2008	2009	2010
（甲）	a_0	a_1	a_2	a_3	a_4	a_5
粮食产量（万吨）	48 402	49 804	50 160	52 871	53 082	54 648

资料来源：国家统计局网站 2015 年发布数据。

二、平均发展水平

平均发展水平表明现象一段时期内所达到的一般水平。它是将动态数列中各期发展水平加以平均得到的平均数，又称序时平均数或动态平均数。

平均发展水平可根据各种动态数列来计算，其中根据绝对数动态数列计算序时平均数是最基本的计算方法。而绝对数动态数列又分为时期数列和时点数列，其具体计算方法又有所不同。

1. 由绝对数动态数列计算序时平均数

（1）由时期数列计算序时平均数，将数列中各个指标数值相加除以时期项数即可。公式为：

$$\bar{a}=(a_1+a_2+\cdots+a_n)\div n=\frac{\sum a}{n} \tag{5—1}$$

式中　$\bar{a}$——平均发展水平；

n——时期项数；

a_1，a_2，…，a_n——各期发展水平。

【例 5—1】 根据表 5—8 中的资料，计算“十一五”期间我国平均粮食产量。

解： 把数据代入公式（5—1）得到平均粮食产量：

$\bar{a}=(49\ 804+50\ 160+52\ 871+53\ 082+54\ 648)\div 5=\frac{260\ 565}{5}=52\ 113$(万吨)

(2) 由时点数列计算序时平均数，分为间隔相等、统计资料连续，间隔相等、统计资料不连续，间隔不等、统计资料连续，间隔不等、统计资料不连续四种情况。

1) 间隔相等、统计资料连续的情况下，可用公式 (5—1) 来计算。

【例 5—2】 根据表 5—9 中的资料计算某企业 6 月上旬平均出勤人数。

表 5—9　　某企业 6 月上旬职工出勤人数

日　期	1	2	3	4	5	6	7	8	9	10
出勤（人）	50	51	49	48	49	50	52	47	50	54

解： 将数据代入公式 (5—1) 得到平均出勤人数：

$\bar{a}=\frac{\sum a}{n}=$ (50+51+49+48+49+50+52+47+50+54) ÷10=50 (人/天)

2) 间隔相等、统计资料不连续的情况下，采用“首末折半法”，公式为：

$$\bar{a}=\frac{\frac{a_1}{2}+a_2+\cdots+a_{n-1}+\frac{a_n}{2}}{n-1} \tag{5—2}$$

式中 $\bar{a}$——平均发展水平；

n——时期项数；

a_1，a_2，…，a_n——各项发展水平。

【例 5—3】 根据表 5—10 中的资料计算某商业企业第二季度平均库存额。

表 5—10　　某商业企业第二季度商品库存额资料

月份	3 月	4 月	5 月	6 月
月末商品库存额（万元）	140	150	146	142

解： 先计算第二季度各月平均库存额。

4 月份平均库存额$=\frac{140+150}{2}=145$ (万元)

5 月份平均库存额$=\frac{150+146}{2}=148$ (万元)

6 月份平均库存额$=\frac{146+142}{2}=144$ (万元)

然后，再计算第二季度平均库存额。

第二季度平均库存额$=\frac{145+148+144}{3}\approx 145.7$ (万元)

为简化运算过程，也可将上述两步合并如下：

解：第二季度平均商品库存额$=\left(\frac{140+150}{2}+\frac{150+146}{2}+\frac{146+142}{2}\right)\div 3$

$$=\left(\frac{\frac{140}{2}+150+146+\frac{142}{2}}{4-1}\right)\approx 145.7\text{（万元）}$$

3）在间隔不等、统计资料连续的情况下，其公式为：

$$\bar{a}=\frac{\sum af}{\sum f} \tag{5—3}$$

式中　$\bar{a}$——平均发展水平；

a——各个时期的发展水平；

f——时间间隔。

【例 5—4】 根据表 5—11 中的资料计算某厂 6 月份平均职工人数。

表 5—11　　**某厂 6 月份职工人数**

日　期	1～14 日	15～21 日	22～30 日
职工人数（人）	500	490	495
间隔天数（天）	14	7	9

解：将数据代入公式（5—3）得到 6 月平均职工人数：

$$\bar{a}=\frac{\sum af}{\sum f}=\frac{500\times 14+490\times 7+495\times 9}{14+7+9}\approx 496\text{（人）}$$

4）间隔不等、统计资料不连续的情况下，以时间间隔为权数，计算公式为：

$$\bar{a}=\frac{\frac{a_1+a_2}{2}f_1+\frac{a_2+a_3}{2}f_2+\cdots+\frac{a_{n-1}+a_n}{2}f_{n-1}}{\sum f} \tag{5—4}$$

式中　$\bar{a}$——平均发展水平；

a_1，a_2，…，a_n——各期发展水平；

f_1，f_2，…，f_n——各期时间间隔。

【例 5—5】 根据表 5—12 中的资料计算某企业 2015 年平均职工人数。

表 5—12　　**某企业 2015 年职工人数资料**

日期	1 月 1 日	3 月 1 日	7 月 1 日	10 月 1 日	12 月 31 日
职工人数（人）	900	600	700	1 000	800
间隔月数（月）	—	2	4	3	3

解：将数据代入公式（5—4）得到平均职工人数：

$$\bar{a}=\frac{\left(\frac{900+600}{2}\right)\times 2+\left(\frac{600+700}{2}\right)\times 4+\left(\frac{700+1\,000}{2}\right)\times 3+\left(\frac{1\,000+800}{2}\right)\times 3}{2+4+3+3}$$

$$=\frac{9\ 350}{12}\approx 779\text{（人/月）}$$

2. 由相对数动态数列计算序时平均数

由相对数动态数列计算序时平均数，第一步要辨别子项和母项是哪一种绝对数动态数列；第二步，用绝对数动态数列的计算公式分别计算出子项和母项数列的序时平均数；第三步，用子项、母项数列的序时平均数进行对比求得结果。其基本的计算公式为：

$$\bar{c}=\frac{\bar{a}}{\bar{b}} \tag{5—5}$$

式中 $\bar{c}$——由相对数动态数列计算的序时平均数；

$\bar{a}$——子项数列的序时平均数；

$\bar{b}$——母项数列的序时平均数。

点拨

公式(5—5) 的使用条件

计划完成相对数、比较相对数、比例相对数、结构相对数、强度相对数组成的动态数列计算序时平均数可以用这种方法，如果是由动态相对数组成的动态数列计算序时平均数，用几何平均法或方程式法。

（1）由两个时期数列对比形成的相对数动态数列计算序时平均数

【例 5—6】 根据表 5—13 中的资料计算某工业企业产值计划平均完成程度。

表 5—13　　**某工业企业产值计划完成程度资料**

指标 \ 年份	2010	2011	2012	2013
计划产值（万元）	425	550	580	600
实际产值（万元）	459	459	580	660
计划完成程度（%）	108	83	100	110

解： 第一步分别计算子项和母项的序时平均数。

平均每月计划产值＝（425＋550＋580＋600）÷4≈538.8（万元）

平均每月实际产值＝（459＋459＋580＋660）÷4＝539.5（万元）

第二步计算该企业产值平均计划完成程度。

将数据代入公式（5—5）得到平均计划完成程度：

$$\bar{c}=\frac{\bar{a}}{\bar{b}}=\frac{539.5}{538.8}\times 100\%=100.1\%$$

（2）由两个时点数列对比形成的动态数列计算序时平均数

【例 5—7】 根据表 5—14 某企业第二季度全体职工和工人人数资料，计算该企业第二季度工人占全体职工的平均比重。

表 5—14　　某企业第二季度全体职工及工人人数资料

日期	3 月 31 日	4 月 30 日	5 月 31 日	6 月 30 日
全体职工人数	580	580	600	620
工人人数	436	450	462	576
工人占比重（%）	75.2	77.6	77.0	92.9

解：第二季度工人占全体职工的平均比重：

$$\bar{c}=\frac{\bar{a}}{\bar{b}}=\frac{\frac{a_1}{2}+a_2+\cdots+\frac{a_n}{2}}{n-1}\div\frac{\frac{b_1}{2}+b_2+\cdots+\frac{b_n}{2}}{n-1}$$

$$=\frac{\frac{436}{2}+450+462+\frac{576}{2}}{4-1}\div\frac{\frac{580}{2}+580+600+\frac{620}{2}}{4-1}$$

$$=79.66\%$$

（3）由一个时期数列和一个时点数列对比形成的动态数列计算序时平均数

【例 5—8】 根据表 5—15 某零售商店上半年的零售额、库存额资料，计算该商店上半年的平均商品流转次数。

表 5—15　　某零售商店上半年商品零售额、库存额资料

月份	1	2	3	4	5	6	7
商品零售额（万元）	1 107	1 160	1 150	1 170	1 200	1 370	1 300
月初库存额（万元）	680	675	670	650	670	690	710
商品流转次数（次）	1.63	1.72	1.74	1.77	1.76	1.96	—

解：该商店上半年平均商品流转次数：

$$\bar{c}=\frac{\bar{a}}{\bar{b}}=\frac{(1\,107+1\,160+1\,150+1\,170+1\,200+1\,370)\div 6}{\left(\frac{680}{2}+675+670+650+670+690+\frac{710}{2}\right)\div(7-1)}\approx 1.77\text{（次）}$$

3. 由平均数动态数列计算序时平均数

平均数动态数列可以由一般平均数构成，也可以由序时平均数构成，其序时平均数的计算分别采用绝对数动态数列的计算公式。

（1）根据一般平均数动态数列计算序时平均数

【例 5—9】 根据表 5—16 中的资料计算某工业企业第一季度某种产品的平均单位成本。

表 5—16　　　　某工业企业第一季度某产品的单位成本资料

月份	1	2	3
产品总成本（元）	2 250	2 400	2 550
产品产量（件）	180	240	250
单位成本（元/件）	12.50	10.00	10.20

解：该企业第一季度产品的平均单位成本：

$$\bar{c}=\frac{\bar{a}}{\bar{b}}=\frac{(2\ 250+2\ 400+2\ 550)\ \div 3}{(180+240+250)\ \div 3}\approx 10.75\ (\text{元/件})$$

（2）根据序时平均数动态数列计算序时平均数，如果时间间隔相等，可直接用简单算术平均法计算；如果时间间隔不等，则要以时期数 f 为权数，采用加权算术平均法计算。

【例 5—10】 根据表 5—17 中的资料计算某公司第一季度的平均人数。

表 5—17　　　　某公司职工人数资料

月份	1 月	2 月	3 月
月平均人数（人）	505	512	520

解：

$$\bar{c}=\frac{\sum a}{n}=\frac{505+512+520}{3}=\frac{1\ 537}{3}\approx 512\ (\text{人})$$

计算表明：某公司第一季度月平均职工人数 512 人。

【例 5—11】 根据表 5—18 中的资料计算某商业企业某年度的平均职工人数。

表 5—18　　　　某商业企业职工人数资料

月份	第一季度			第二季度	第三季度	第四季度		
	1 月	2 月	3 月			10 月	11 月	12 月
平均人数（人）	750	750	650	650	850	850	900	900

解：

$$\bar{c}=\frac{\sum af}{\sum f}=\frac{(750\times 2+650\times 4+850\times 4+900\times 2)}{2+4+4+2}=\frac{9\ 300}{12}=775\ (\text{人})$$

计算表明：某企业某年度月平均职工人数 775 人。

三、增长量

增长量是指报告期水平与基期水平之差。它反映某种社会经济现象的发展水平即报告期比基期增长的绝对数量。计算公式为：增长量＝报告期水平－基期水平。

增长量的数值可以是正数，也可以是负数，正数表示增长的绝对量，负数表示减少的绝对量。

增长量按采用的基期不同，可分为累计增长量和逐期增长量。

1. 累计增长量

累计增长量是指报告期水平与固定基期水平之差。它反映了报告期水平相对于某一固定基期水平增加或减少的绝对数量。某一固定基期水平通常是指最初水平。计算公式为：累计增长量＝报告期水平－固定基期水平，即 a_1-a_0，a_2-a_0，…，a_n-a_0。

2. 逐期增长量

逐期增长量是指报告期水平与其前一期水平之差。它反映了报告期水平与前一期水平相比增加或减少的绝对量。计算公式为：逐期增长量＝报告期水平－前一期水平，即 a_1-a_0，a_2-a_1，…，a_n-a_{n-1}。

3. 累计增长量与逐期增长量的关系

累计增长量等于相应各期的逐期增长量之和，用符号表示为：

$$a_n-a_0=(a_1-a_0)+(a_2-a_1)+\cdots+(a_n-a_{n-1})$$

【例 5—12】 根据表 5—19 中的资料计算我国历年社会消费品零售额的增长量。

表 5—19　　我国 2010—2014 年社会消费品零售额增长情况　　单位：亿元

年　份	2010	2011	2012	2013	2014
社会消费品零售额	156 998	183 919	210 307	237 810	262 394
逐期增长量	—	26 921	26 388	27 503	24 584
累计增长量	—	26 921	53 309	80 812	105 396

资料来源：《中华人民共和国 2014 年国民经济和社会发展统计公报》。

2014 年的逐期增长量＝262 394－237 810＝24 584（亿元）

2014 年的累计增长量＝26 921＋26 388＋27 503＋24 584＝105 396（亿元）

四、平均增长量

平均增长量是逐期增长量的序时平均数。它说明某种现象在一定时期内平均每期增长的数量。其计算公式为：

平均增长量＝逐期增长量之和÷逐期增长量的个数

或：

平均增长量＝累计增长量÷（时间数列的项数－1）

【例 5—13】 根据表 5—19 中的资料计算平均增长量。

平均增长量＝（26 921＋26 388＋27 503＋24 584）÷4＝26 349（亿元）

或：

$$平均增长量=\frac{105\ 396}{5-1}=26\ 349（亿元）$$

第三节 动态数列的速度指标

动态数列的速度指标有发展速度、增长速度、平均发展速度和平均增长速度。下面通过表5—20中的数据资料来介绍几种速度指标的计算方法和实际意义。

一、发展速度与增长速度

1. 发展速度

发展速度是报告期水平同基期水平之比，可以用倍数表示，也可以用百分数表示，表明报告期水平是基期水平的多少倍或百分之多少。它能够说明事物发展变化的程度。由于基期不同，发展速度又分为环比发展速度和定基发展速度。

【例5—13】 某企业“十一五”期间的增加值资料见表5—20。根据资料计算发展速度并分析指标。

表5—20 某企业“十一五”期间增加值资料

年份	2005	2006	2007	2008	2009	2010
（甲）	a_0	a_1	a_2	a_3	a_4	a_5
增加值（万元）	200	212	229	243	258	279

（1）环比发展速度等于报告期水平同前一期水平之比，其计算公式为：

$$环比发展速度=\frac{a_n}{a_{n-1}} \tag{5—6}$$

（2）定基发展速度等于报告期水平与固定基期水平之比，其计算公式为：

$$定基发展速度=\frac{a_n}{a_0} \tag{5—7}$$

（3）环比发展速度与定基发展速度之间有一定的数量换算关系：

第一，定基发展速度等于相应的各期环比发展速度的连乘积，即：

$$\frac{a_n}{a_0}=\frac{a_1}{a_0}\times\frac{a_2}{a_1}\times\cdots\times\frac{a_n}{a_{n-1}} \tag{5—8}$$

第二，相邻两个时期的定基发展速度之商，等于相应时期的环比发展速度，即：

$$\frac{a_i}{a_0}\div\frac{a_{i-1}}{a_0}=\frac{a_i}{a_{i-1}} \tag{5—9}$$

某企业“十一五”期间增加值发展速度指标根据公式计算结果见表5—21。

表 5—21 某企业“十一五”期间增加值发展速度计算表

指标＼年份		2005	2006	2007	2008	2009	2010
（甲）		a_0	a_1	a_2	a_3	a_4	a_5
增加值（万元）		200	212	229	243	258	279
发展速度（%）	环比	—	106.0	108.0	106.1	106.2	108.1
	定基	100.0	106.0	114.5	121.5	129.0	139.5

计算结果表明：该企业 2010 年的增加值是 2009 年的 108.1%，是 2005 年的 139.5%。

2. 增长速度

增长速度是报告期的增长量与基期水平之比，一般用百分数表示，用来说明报告期水平比基期水平增长或降低的相对程度。增长速度为正值时表明增长速度，为负值时表明下降速度。根据对比的基期不同，分为环比增长速度和定基增长速度。

由于增长速度$=\frac{增长量}{基期水平}=\frac{报告期水平-基期水平}{基期水平}=$发展速度$-1$，所以增长速度既可以用增长量除以基期水平求得，也可以用发展速度减 1 求得。

（1）环比增长速度$=\frac{a_n-a_{n-1}}{a_{n-1}}=\frac{a_n}{a_{n-1}}-1=$环比发展速度$-1$　　（5—10）

（2）定基增长速度$=\frac{a_n-a_0}{a_0}=\frac{a_n}{a_0}-1=$定基发展速度$-1$　　（5—11）

某企业“十一五”期间增加值增长速度指标，根据公式计算结果见表 5—22。

表 5—22 某企业“十一五”期间增加值增长速度计算表

年份＼指标		2005	2006	2007	2008	2009	2010
（甲）		a_0	a_1	a_2	a_3	a_4	a_5
增加值（万元）		200	212	229	243	258	279
增长量（万元）	逐期	—	12	17	14	15	21
	累计	—	12	29	43	58	79
发展速度（%）	环比	—	106.0	108.0	106.1	106.2	108.1
	定基	100.0	106.0	114.5	121.5	129.0	139.5
增长速度（%）	环比	—	6.0	8.0	6.1	6.2	8.1
	定基	—	6.0	14.5	21.5	29.0	39.5

计算结果表明：该企业 2010 年的增加值比 2009 年增长 8.1%，比 2005 年增长 39.5%。

二、增长1%的绝对值

发展速度、增长速度都是相对数，表明现象发展的趋势和相对程度，增长1%的绝对值是逐期增长量与环比增比速度的比值，或者用前期水平除以100求得，表明报告期每增长1%所增加或减少的绝对量，其公式为：

$$增长1\%的绝对值=\frac{前期水平}{100} \qquad (5—12)$$

承接表5—22中的资料，根据上面的公式计算结果为：某企业增加值2010年比2009年增长8%，每增长1%的绝对值是2.58万元。

三、平均发展速度与平均增长速度

平均增长速度是各个时期环比增长速度的序时平均数，表明现象逐期增减变化的平均程度。它不能直接根据增长速度计算，应先把增长速度还原成发展速度，然后通过计算平均发展速度再减1而得到。

平均发展速度是各个时期环比发展速度的序时平均数，表明现象逐期发展变化的平均程度，可用几何平均法和方程式法计算。

1. 几何平均法

几何平均法计算平均发展速度，可根据最初水平和最末水平来计算，也可根据各期环比发展速度来计算，根据最初水平和最末水平资料用公式（5—13）：

$$平均发展速度\ \bar{x}=\sqrt[n]{\frac{a_n}{a_0}}=\sqrt[n]{R} \qquad (5—13)$$

式中R代表最末时期的定基发展速度，也称为总速度。

如果根据各期环比发展速度可以用公式（5—14）：

$$平均发展速度\ \bar{x}=\sqrt[n]{x_1\times x_2\times x_3\times\cdots\times x_n}=\sqrt[n]{\pi x} \qquad (5—14)$$

式中：x代表环比发展速度，π代表连乘。

【例5—14】 某企业“十一五”期间的增加值发展速度见表5—22，根据资料计算平均发展速度和平均增长速度。

解： 用公式（5—13）来计算某企业“十一五”期间增加值的平均发展速度，设其为$\bar{x}$，

则$\bar{x}=\sqrt[n]{\frac{a_n}{a_0}}=\sqrt[5]{\frac{279}{200}}$，对这个式子两边取对数得：

$$\lg\bar{x}=\frac{1}{5}\ (\lg279-\lg200)\ \approx\frac{1}{5}\ (2.4456-2.3010)\ =0.02892$$

查反对数表得$\bar{x}=1.069=106.9\%$

平均增长速度=平均发展速度−1=106.9%−1=6.9%

计算表明该企业“十一五”期间增加值的年平均发展速度为106.9%，年平均增长速度为6.9%。

如果采用公式（5—14）同样可以计算出平均发展速度与平均增长速度。

解：设平均发展速度为 $\bar{x}$，则 $\bar{x}=\sqrt[n]{\pi x}=\sqrt[5]{1.06\times1.08\times1.06\times1.06\times1.08}$，对这个式子两边取对数得：

$$\lg\bar{x}=\frac{1}{5}\ (\lg1.06+\lg1.08+\lg1.06+\lg1.06+\lg1.08)\approx\frac{1}{5}\times0.1428=0.02856$$

查反对数表得 $\bar{x}=1.068=106.8\%$

计算表明该企业“十一五”期间增加值的年平均发展速度为106.8%，年平均增长速度为6.8%。

点拨

公式(5—13)、公式（5—14）的选用条件

例5—14中计算平均发展速度，同一份资料，使用两个公式计算出的结果稍有不同，这是为什么？使用公式（5—13），用期初期末的水平指标，只反映了期初期末两个时期的变化，而公式（5—14）使用各个时期的环比发展速度，反映了各年度起伏变化的情况，所以两个结果稍有不同。在中间各个时期起伏变化比较大时，用公式（5—14）计算平均发展速度能够反映这些变化，比使用公式（5—13）更合适。

通过计算速度指标不仅能够分析现象发展的趋势和平均程度，还可以预测现象的发展总量。

【例5—15】 通过计算平均发展速度预测现象未来的发展总量。承接例5—14，如果以2010年为基础，以年106.8%为平均发展速度，分别预计2013年、2015年该企业的增加值可能达到的水平。

解：已知 $a_0=279$，$\bar{x}=106.8\%$

根据公式（5—13），平均发展速度 $\bar{x}=\sqrt[n]{\frac{a_n}{a_0}}$

当 $n=3$ 时，有 $106.8\%=\sqrt[3]{\frac{a_3}{279}}$，对这个式子两边取对数得：

$$\lg1.068=\frac{1}{3}\ (\lg a_3-\lg279)$$

$$\lg a_3=3\lg1.068+\lg279\approx3\times0.0286+2.4456=2.5314$$

查反对数表得 $a_3=339.9$

计算结果表明：2013年该企业增加值可能达到339.9万元，同样的方法可计算出2015年该企业的增加值可能达到387.8万元。

2. 方程式法

用方程式法求平均发展速度的步骤大致有三步，并且要借助五年增减速度查对表。

【例 5—16】 某企业"十一五"期间科研与市场开发投入资料见表 5—23，根据资料计算平均发展速度。

表 5—23　　某企业"十一五"期间科研与市场开发投资计算分析表

指标＼年份	2005	2006	2007	2008	2009	2010
（甲）	a_0	a_1	a_2	a_3	a_4	a_5
投资额（万元）	10	9	11	14	15	15
环比发展速度（%）	—	90	122.2	127.3	107.1	100

第一步，计算并判断是递增还是递减速度。

$\frac{a_1+a_2+a_3+a_4+a_5}{n}>a_0$ 时为递增速度，应在查对表的递增部分查找相应数据；$\frac{a_1+a_2+a_3+a_4+a_5}{n}<a_0$ 时为递减速度，应查找递减部分数据，本例 $\frac{a_1+a_2+a_3+a_4+a_5}{n}=\frac{9+11+14+15+15}{5}=\frac{64}{5}=12.8>10$，应查递增部分数据。

第二步，计算总发展速度。

$$\frac{a_1+a_2+a_3+a_4+a_5}{a_0}=\frac{64}{10}=6.4=640\%$$

第三步，查五年平均发展速度表，递增部分见表 5—24。

在 5 年总速度一栏查找 640%或接近 640%的数值是 639.18%，该值对应第一栏中的年平均增长速度为 8.3%，在此基础上加 1 即为要计算的年平均发展速度 108.3%。

表 5—24　　累计法五年（递增部分）平均速度简表

年平均增长速度（%）	各年发展水平总和为基期的百分数（%）				
	1 年	2 年	3 年	4 年	5 年
1.0	101.00	203.01	306.04	410.10	515.20
2.0	102.00	206.04	312.16	400.40	530.80
3.0	103.00	209.09	318.36	430.91	546.84
4.0	104.00	212.16	324.65	441.64	563.31
5.0	105.00	215.25	331.01	452.56	580.19
6.0	106.00	218.36	337.46	463.71	597.54
7.0	107.00	221.49	343.99	475.07	615.33
8.0	108.00	224.64	350.61	486.66	633.59
8.1	108.10	224.96	351.29	487.85	635.47
8.2	108.20	225.27	351.94	489.00	637.30
8.3	108.30	225.59	352.62	490.19	639.18
8.4	108.40	225.91	353.29	491.37	641.05
8.5	108.50	226.22	353.95	492.54	642.91

课堂活动

分组讨论由变量数列计算的一般平均数（静态平均数）和由动态数列计算的序时平均数有哪些区别？

第四节 长期趋势的测定与预测

运用动态数列可以对现象的长期发展趋势和季节性变动规律进行分析研究。对现象长期趋势的研究主要通过动态数列的修匀和建立数学模型的方法。对现象季节性变动规律的研究，可通过计算反映季节变动的统计指标“季节比率”来进行。本节介绍长期趋势的研究方法。

一、长期趋势及其意义

长期趋势是指客观现象在一个相当长时期内发展变化的大致走向。认识了长期趋势，就能把握现象发展变化的特点，并根据这些特点预测现象未来的状况。长期趋势有直线和曲线两种基本形式，对其测定的方法有时距扩大法、序时平均法、移动平均法等对数列修匀的方法，还有建立数学模型的方法。

二、直线趋势数学模型

1. 建立直线趋势数学模型的条件

第一，建立数学模型至少要根据十年以上的统计资料编制动态数列。

第二，动态数列各个发展水平的逐期增长量大致相等。

2. 直线趋势数学模型的建立和运用

建立直线趋势数学模型常用最小平方法，也称最小二乘法，这种方法的理论要求是，原有数列的实际值与趋势性估计值的离差平方之和为最小。用公式表达即：

$$\sum(y-y_c)^2=\text{最小值} \qquad (5—15)$$

式中 y——原有数列的实际值；

y_c——趋势线的估计值。

直线趋势方程的一般形式为 $y_c=a+bt$，式中 t 代表动态数列的时间，b 为直线的斜率，a 为截距，a 与 b 均为待定的参数。

将 $y_c=a+bt$ 代入公式（5—15），有 $\sum(y-a-bt)^2=\text{最小值}$，分别对 a 和 b 求偏导，可得到直线趋势方程中这两个参数的联立方程组：

$$\begin{cases}\sum y=na+b\sum t^2\\ \sum ty=a\sum t+b\sum t^2\end{cases}$$

解此方程组得到：

$$b=\frac{n\sum ty-\sum t\sum y}{n\sum t^2-(\sum t)^2} \qquad (5—16)$$

$$a=\frac{\sum y}{n}-b\frac{\sum t}{n}=\overline{y}-b\overline{t} \qquad (5—17)$$

建立直线趋势数学模型就是要根据实际数据计算出 $y_c=a+bt$ 方程中 a、b 两个参数，把两个参数的值代入方程中得到直线趋势方程。

【例 5—17】 根据某企业 2001—2010 年销售额资料建立数学模型，分析企业这 10 年销售的特点，并预测该企业未来 5 年、10 年的销售规模。

解：第一步，整理资料，编制动态数列见表 5—25（甲）(1)(2) 栏。

第二步，计算逐期增长量可见其大致相等（27 万元上下），所以应配合直线趋势模型，见表 5—25 第（3）栏。

第三步，计算相关数据，建立直线趋势模型，见表 5—25 中第（4）（5）栏。

$$b=\frac{n\sum ty-\sum t\sum y}{n\sum t^2-(\sum t)^2}=\frac{10\times 19\ 620-55\times 3\ 168}{10\times 385-55\times 55}=26.62$$

$$a=\frac{\sum y}{n}-b\frac{\sum t}{n}=\overline{y}-b\overline{t}=\frac{3\ 168}{10}-26.62\times\frac{55}{10}=170.39$$

将计算出的 a 和 b 的值代入直线方程得到：

$$y_c=170.39+26.62t$$

第四步，根据直线趋势模型计算表中各期趋势估计值，见表 5—25 中第（6）栏。

表 5—25　　某企业历年销售额直线趋势模型计算表

年份	序号 t	销售额 y（万元）	计算栏			
			逐期增长量	t^2	ty	y_c
（甲）	(1)	(2)	(3)	(4)	(5)	(6)
2001	1	200	—	1	200	197.01
2002	2	225	25	4	450	223.63
2003	3	251	26	9	753	250.25
2004	4	274	23	16	1 096	276.87
2005	5	299	25	25	1 495	303.49
2006	6	329	30	36	1 974	330.11
2007	7	358	29	49	2 506	356.73
2008	8	382	24	64	3 056	383.35
2009	9	410	28	81	3 690	409.97
2010	10	440	30	100	4 400	436.59
合计	55	3 168	—	385	19 620	—

根据此趋势方程计算出的趋势估计值与实际值比较接近，见表 5—25 第（2）栏，因此可以用此数学模型来分析和预测。

分析：从建立的直线趋势模型可以看出，该企业的销售额十年来呈直线上升的趋势。销售额每年增加的数量为 26.62 万元。

预测：如果该企业的销售额仍然以这样的趋势和规模发展，预测当 t＝15，即 2015 年时企业的销售额；当 t＝20，即 2020 年时该企业的销售额如下：

2015 年的销售额：$y_c=170.39+26.62t=170.39+26.62\times 15=569.69$（万元）

2020 年的销售额：$y_c=170.39+26.62t=170.39+26.62\times 20=702.79$（万元）

想一想？

例 5—17 中，用数学模型计算的某企业 2015 年和 2020 年两个预测值，哪一个可能更接近实际销售额？为什么？如何使预测数据尽可能地接近实际数据？

逻辑简图

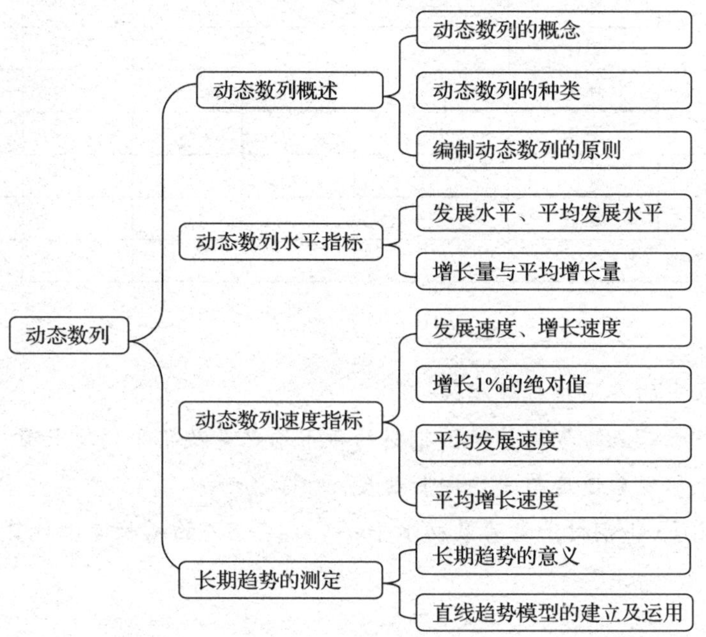

思考与练习

一、简答题

1. 动态数列的编制原则有哪些？
2. 动态数列与变量数列的相同点和不同点有哪些？

二、计算题

1. 根据资料计算某企业1～3月职工的平均工资。

某企业职工工资及人数资料

指标 \ 月份	上年12月	1月	2月	3月	序时平均数
工资总额（万元）	—	15	17.6	13.9	
月末人数（人）	48	50	55	48	

2. 根据下列表中的资料计算相关的动态分析指标。

某地2010—2015年钢材产量资料

指标 \ 年份		2010	2011	2012	2013	2014	2015
（甲）		a_0	a_1	a_2	a_3	a_4	a_5
钢材产量（万吨）		1 377	1 460	1 591	1 750	1 872	2 022
增长量（万吨）	逐年	—					
	累计	—					
发展速度（%）	环比	—					
	定基	100					
增长速度（%）	环比	—					
	定基	—					
增长1%绝对值（万吨）		—					

要求：

（1）计算表中的各项指标数据。

（2）计算“十二五”期间某地区钢材的年平均产量及年平均增长量。

（3）计算平均发展速度与平均增长速度。

（4）若以2015年钢材产量为最初水平a_0，以年8%的增长速度计算“十三五”末某地的钢材产量。

第六章 统计指数

学习目标

- 了解指数的概念、作用和种类
- 掌握综合指数、平均指数的编制方法
- 学会利用指数体系进行因素分析和数据推算

社会经济中，一种现象的变动往往受多种因素的影响，例如，企业销售额的变化受销售价格和销售量两个因素的影响，企业产品总成本的变化受产品产量与单位成本两个因素的影响，企业原材料费用总额的变化会受到产品产量、单位产品原材料消耗量、单位原材料价格等三个因素的影响。研究一些复杂现象变动中各种因素的影响，可以用统计指数分析法。

第一节 统计指数概述

一、统计指数及其作用

1. 指数的概念

指数有广义和狭义之分。从广义上说，反映现象总体数量变动的相对数都是指数，如动态相对数、比较相对数、计划完成相对数都是指数。

狭义的指数是指专门用来反映那些不能直接相加和对比的复杂社会经济现象综合变动的相对数，如食品、衣服、住房等不同计量单位的商品，在数量、价格方面总的变化情况等。

本章所讲的统计指数是指狭义的指数。

2. 指数的作用

第一，综合反映复杂现象总体数量上的变动情况。

第二，可以对复杂现象总体进行因素分析，分析总体变动中受各个因素变动的影响程度和绝对值。

第三，通过编制指数数列，对复杂现象总体长时间的发展变化进行趋势分析。

二、指数的种类

统计指数按照不同的标准可以分为若干类，主要的分类见表6—1。

表6—1　　统计指数分类表

分类标准	种类	实例
按照说明现象的范围不同	个体指数：反映单个事物变动的相对数	鸡蛋价格指数
	总指数：反映多种事物综合变动的相对数	食品类价格指数
按照指标性质不同	数量指标指数：反映数量指标变动的相对数	产品产量指数
	质量指标指数：反映质量指标变动的相对数	产品单位成本指数
按照计算方法不同	综合指数：用先综合、后对比的方法计算	销售额指数
	平均指数：用加权算术平均法计算，用加权调和平均法计算	居民消费价格指数 农产品收购价指数
	平均指标指数：两个平均指标对比的指数	平均工资指数

第二节　综合指数的编制

综合指数的编制方法是先综合后对比，就是把不能直接相加的复杂现象通过同度量因素的媒介作用，使其能够相加，再用两个不同时期的总量进行对比，从而分析现象变动的程度以及对总体的影响。

一、数量指标指数的编制

【例6—1】 某学生利用假期时间在父母开的小店里做销售，一个月中主要商品的销售情况见表6—2。计算分析该学生销售的三种主要商品今年与上年同期相比，销售量有什么样的变化？

表6—2　　某学生假期销售主要商品情况

商品名称	计量单位	销售量		销售单价（元）		个体销量指数（%）	个体单价指数（%）
		上年 q_0	今年 q_1	上年 p_0	今年 p_1	$k_q=q_1\div q_0$	$k_p=p_1\div p_0$
（甲）	（乙）	（1）	（2）	（3）	（4）	（5）	（6）
鸡蛋	500克	1 200	1 300	2.6	3.3	108.3	126.9

续表

商品名称	计量单位	销售量		销售单价（元）		个体销量指数（%）	个体单价指数（%）
		上年 q_0	今年 q_1	上年 p_0	今年 p_1	$k_q=q_1\div q_0$	$k_p=p_1\div p_0$
（甲）	（乙）	（1）	（2）	（3）	（4）	（5）	（6）
饮料	件	90	80	60	62	88.9	103.3
香烟	盒	150	140	6	6	93.3	100.0
合计	—	—	—	—	—	—	—

为了计算方便，表中的各项内容用符号来表示。通常数量指标用“q”表示，q_0 表示对比的基期，q_1 表示要研究说明的报告期；质量指标用“p”表示，p_0 表示基期，p_1 表示报告期；个体指数用“k”表示，k_q 表示个体数量指数，k_p 表示个体质量指数；用 $\bar{k}$ 表示总指数，$\bar{k}_q$表示数量指标总指数，$\bar{k}_p$表示质量指标总指数。

从表 6—2 中可以看到，要说明每一种商品销售量或销售价格报告期与基期相比的变化情况，计算个体指数即可，非常简单。而要综合反映三种商品销售量或销售价格总的变动情况，就不是件简单的事了，因为三种商品的计量单位不同，不能直接相加对比。解决这个问题的关键是使三种不同计量单位的商品过渡到能够相加和对比，其主要步骤有：

1. 找同度量因素

三种商品的计量单位不同，不能直接相加，但是可以从现象内在的经济关系中寻找一个因素作为媒介，通过这个媒介，使其过渡到可以相加，这个媒介因素称为同度量因素。同度量因素在计算中不仅起媒介作用，还有一定的权数作用。

在例 6—1 这个具体问题中，有“商品销售量×商品销售价格＝商品销售额”这样一个关系式。那么，在计算三种商品销售量总指数时，选择商品销售价格作为同度量因素，使不同计量单位的三种商品过渡到销售额这一种计量单位，然后就可以相加对比了。

2. 确定同度量因素的时期

为了单纯分析商品销售量的综合变动情况，作为同度量因素必须固定在某一时期。一般情况下，编制数量指标指数时，选择质量指标作为同度量因素并固定在基期；编制质量指标指数时，选择数量指标作为同度量因素并固定在报告期。例 6—1 中计算销售量总指数时，作为同度量因素的价格要固定在基期。

3. 确定计算公式

根据前面的分析，确定计算数量指标指数的一般公式为：

$$\bar{k}_q=\frac{\sum p_0q_1}{\sum p_0q_0} \tag{6—1}$$

4. 列表计算并分析说明

根据公式（6—1），列表 6—3 计算相关数据。

表 6—3　　　　**数量指标指数计算表**

商品名称	计量单位	销售量		销售单价		销售额（元）	
		上年 q_0	今年 q_1	上年 p_0	今年 p_1	基期 p_0q_0	假设 p_0q_1
（甲）	（乙）	（1）	（2）	（3）	（4）	（5）	（6）
鸡蛋	500 克	1 200	1 300	2.6	3.3	3 120	3 380
饮料	件	90	80	60	62	5 400	4 800
香烟	盒	150	140	6	6	900	840
合计	—	—	—	—	—	9 420	9 020

商品销售量指数$\bar{k}_q=\frac{\sum p_0q_1}{\sum p_0q_0}=\frac{9\ 020}{9\ 420}=95.8\%$

分子与分母差额$\sum p_0q_1-\sum p_0q_0=9\ 020-9\ 420=-400$（元）

计算结果分析：今年与上年相比三种主要商品销售量有升有降，综合起来看下降 4.2%（1−95.8%），由于销售量的下降使销售额减少 400 元。

想一想？

编制销售量总指数，如果把作为同度量因素的单价固定在报告期而不是基期，即用$\frac{\sum p_1q_1}{\sum p_1q_0}$而不是用$\frac{\sum p_0q_1}{\sum p_0q_0}$，会得出什么样的分析结论？

二、质量指标指数的编制

质量指标指数的编制步骤与数量指标指数相同，有所不同的是质量指标指数选择数量指标作为同度量因素，并且把同度量因素固定在报告期。

计算质量指标指数的一般公式为：

$$\bar{k}_p=\frac{\sum p_1q_1}{\sum p_0q_1} \tag{6—2}$$

【例 6—2】 承例 6—1 计算质量指标指数，分析说明该学生销售的三种主要商品的价格今年与上年同期相比，有什么样的变化？

解： 根据公式（6—2），列表计算相关数据，见表 6—4。

商品销售价格指数$\bar{k}_p=\frac{\sum p_1q_1}{\sum p_0q_1}=\frac{10\ 090}{9\ 020}=111.9\%$

分子与分母差额$\sum p_1q_1-\sum p_0q_1=10\ 090-9\ 020=1\ 070$（元）

计算表明：今年与上年相比三种主要商品销售价格有上升的有持平的，综合来看上升 11.9%；由于商品销售价格的上升使销售额增加 1 070 元。

表 6—4　　**质量指标指数计算表**

商品名称	计量单位	销售量		销售单价（元）		销售额（元）	
		上年 q_0	今年 q_1	上年 p_0	今年 p_1	报告期 p_1q_1	假设 p_0q_1
（甲）	（乙）	（1）	（2）	（3）	（4）	（4）	（7）
鸡蛋	500 克	1 200	1 300	2.6	3.3	4 290	3 380
饮料	件	90	80	60	62	4 960	4 800
香烟	盒	150	140	6	6	840	840
合计	—	—	—	—	—	10 090	9 020

点拨

一般而言，编制数量指标指数要引进质量指标作为同度量因素并且固定在基期；编制质量指标指数要引进数量指标作为同度量因素并且固定在报告期。这样做的原因是分析说明问题更具有现实意义。

以上通过两个例子介绍了综合指数的编制步骤和方法，从中可见，综合法编制总指数直观易懂，是指数分析法中最为重要的一种方法。但是运用这种方法编制总指数，各项资料必须齐全。

第三节　平 均 指 数

综合指数的编制方法虽然直观易懂，但是实际工作中遇到资料不齐全，或者为了计算更加简便，可以运用加权算术平均法或加权调和平均法计算总指数。

一、加权算术平均数指数

在掌握了数量指标的个体指数、基期的总量指标的情况下，常用加权算术平均法计算数量指标总指数，公式为：

$$\bar{k}_q=\frac{\sum k_q p_0 q_0}{\sum p_0 q_0} \tag{6—3}$$

公式 6—3 实质上是综合数量指标指数的变形：$\bar{k}_q=\frac{\sum k_q p_0 q_0}{\sum p_0 q_0}=\frac{\sum \frac{q_1}{q_0}\times p_0 q_0}{\sum p_0 q_0}=$

$\frac{\sum p_0q_1}{\sum p_0q_0}$

【例 6—3】 承例 6—1，在只掌握三种商品销售量及其个体指数、三种商品基期销售额资料的情况下，计算商品销售量总指数，见表 6—5。

解：三种商品销售量总指数$=\overline{k}_q=\frac{\sum k_qp_0q_0}{\sum p_0q_0}=\frac{9\ 020}{9\ 420}=95.8\%$

分子与分母的差额$\sum k_qp_0q_0-\sum p_0q_0=9\ 020-9\ 420=-400$（元）

表 6—5　　　　加权算术平均数指数计算表

商品名称	计量单位	销售量		个体指数（%）	销售额（元）	
		上年 q_0	今年 q_1	$k_q=\frac{q_1}{q_0}$	基期 p_0q_0	假设 $k_qp_0q_0$
（甲）	（乙）	(1)	(2)	(3)	(4)	(5)
鸡蛋	500 克	1 200	1 300	108.3	3 120	3 380
饮料	件	90	80	88.9	5 400	4 800
香烟	盒	150	140	93.3	900	840
合计	—	—	—	—	9 420	9 020

计算结果分析：三种主要商品销售量报告期比基期下降 4.2%（1－95.8%）；由于销售量的下降使销售额减少 400 元。

从例 6—1、例 6—3 可见，加权算术平均数指数与数量指标指数的计算结果和实际经济意义一样，只是计算方法有所不同。

二、加权调和平均数指数

在掌握了质量指标的个体指数、报告期总量指标的情况下，常用加权调和平均法计算质量指标总指数，公式为：

$$\overline{k}_p=\frac{\sum p_1q_1}{\sum\frac{1}{k_p}p_1q_1} \tag{6—4}$$

公式 6—4 实质上是综合质量指标指数的一种变形：$\overline{k}_p=\frac{\sum p_1q_1}{\sum\frac{1}{k_p}p_1q_1}=\frac{\sum p_1q_1}{\sum\frac{p_0}{p_1}p_1q_1}=$ $\frac{\sum p_1q_1}{\sum p_0q_1}$

【例 6—4】 承例 6—2，在掌握三种商品销售价格及其个体指数、三种商品报告期销售额资料的情况下，计算商品销售价格总指数，见表 6—6。

表 6—6　　调和平均数指数计算表

商品名称	计量单位	销售单价		个体指数（%）	销售额（元）	
		上年 p_0	今年 p_1	$k_p=\frac{p_1}{p_0}$	报告期 p_1q_1	假设 $\frac{1}{k_p}p_1q_1$
（甲）	（乙）	（1）	（2）	（3）	（4）	（5）
鸡蛋	500 克	2.6	3.3	126.9	4 290	3 380
饮料	件	60	62	103.3	4 960	4 800
香烟	盒	6	6	100.0	840	840
合计	—	—	—	—	10 090	9 020

解：三种商品销售价格总指数$=\bar{k}_p=\frac{\sum p_1q_1}{\sum\frac{1}{k_p}p_1q_1}=\frac{10\ 090}{9\ 020}=111.9\%$

分子与分母的差额 $\sum p_1q_1-\sum\frac{1}{k_p}p_1q_1=10\ 092-9\ 020=1\ 070$（元）

计算结果表明：三种主要商品销售价格报告期与基期相比有上升有持平，综合对比上升 11.9%；由于商品销售价格的上升使销售额增加 1 070 元。

例 6—4 与例 6—2 的计算结果和经济意义是一样的。

与综合指数比较，平均指数有其独到的优势：

第一，综合指数主要适用于全面资料的编制，而平均指数既可以依据全面资料编制，也可以运用非全面资料编制。

第二，综合指数一般采用实际资料来编制总指数，而平均指数既可以采用实际的总值指标作为权数，也可以采用比重进行加权平均计算。因此不仅可以保证计算结果的准确性，而且还可以节省工作量，如居民消费价格指数的编制。

三、居民消费价格指数和股票价格指数

1. 居民消费价格指数 CPI

CPI 是居民消费价格指数 Consumer Price Index 的简称。

居民消费价格是指城乡居民支付生活消费品和服务项目的消费价格，是社会产品和服务项目的最终价格。它同人民生活密切相关，在整个国民经济价格体系中具有极为重要的地位。

居民消费价格指数，是反映一定时期内居民消费价格变动的方向和程度的相对数，它是反映通货膨胀或紧缩的重要指标，是研究和制定居民消费政策、价格政策、工资与货币政策的重要依据。因此，CPI 的变化不仅受到政府的高度重视，也受到广大人民群

众的广泛关注。

(1) 我国 CPI 的编制

日常生活中，我国城乡居民消费的商品和服务项目种类繁多，有数百万种，由于人力和财力的限制，不可能也没有必要采用普查的方式调查全部商品和服务项目的价格，而是采用抽样调查。

目前，我国用于计算 CPI 的商品和服务项目，是由国家统计局和地方统计部门分级确定的。国家统计局根据全国 12 万户城乡居民家庭消费支出的抽样调查资料，统一确定商品和服务项目类别，设置食品、烟酒及用品、衣着、家庭设备用品及服务、医疗保健及个人用品、交通和通信、娱乐教育文化用品及服务、居住八大类 262 个基本分类，涵盖了城乡居民的全部消费内容。

计算 CPI 的价格资料来源于全国 31 个省（市、区）共 500 个调查市、县的 50 000 个商业业态、农贸市场以及医院、电影院等提供服务消费的单位，这些单位称为价格调查点。

知识窗

我国 CPI 原始价格资料的搜集

1984 年经国务院批准，国家统计局在各地成立了直属调查队，自此以来一直采用派人直接调查的方式收集原始价格资料。目前分布在 31 个省（市、区）共 500 个调查市、县的价格调查员有 4 000 人左右。这些调查员必须按照定人、定点、定时的原则开展价格调查工作，以确保源头数据的真实性。

计算 CPI 采用加权平均法，用公式表示即：

$$\bar{k}=\frac{\sum kw}{\sum w} \tag{6—5}$$

式中：$k=\frac{p_1}{p_0}$为商品价格个体指数；w 为权数，又称比重，是指每一类别商品或服务项目的消费在居民全部商品和服务项目总消费支出中所占的比重。权数每年确定一次，年内各月、季的权数不变，所以这种指数也叫固定加权算术平均数指数。

我国 CPI 的汇总计算过程大致有三步：第一步，市、县统计调查队根据国家统计局制定的《流通和消费价格统计调查制度》，按照统一的统计标准、口径、计算方法，结合当地居民消费的实际情况计算本市、县的 CPI；第二步，国家统计局各调查总队对辖区内市、县统计部门计算的 CPI 数据进行审核确认后，按人口和消费水平汇总计算本省（市、区）的 CPI；第三步，国家统计局对各省（市、区）计算的 CPI 数据进行审核确认后，按人口和消费水平加权汇总计算全国的 CPI。

知识窗

我国CPI中权数的确定

我国CPI中的权数主要是根据全国12万户城乡居民家庭各类商品和服务项目的详细消费支出比重确定的。这12万户城乡居民家庭采取流水账的方式，日复一日逐笔记录他们家庭的收入和支出数据，调查员每月上门核实、收集账本，然后进行整理、编码、录入、上报。国家统计局直接采用居民家庭的记账记录资料，分别汇总计算城乡居民收入和消费支出数据。

(2) CPI的计算步骤和方法

【例6—5】 某市2013年居民消费价格资料见表6—7（甲）（乙）（丙）（1）（2）栏所示，计算该市2013年居民消费价格指数。

第一步，计算各代表规格品的个体零售价格指数。例如：

大米的零售价格指数 $k_p=\dfrac{p_1}{p_0}=\dfrac{6}{5.6}\approx107.14\%$

表6—7　　　　**某市居民消费价格指数计算表**

商品类别和名称	代表规格品	计量单位	平均价格（元）		权数 w（%）	以上年为基础	
			上年 p_0	本年 p_1		$k_p=\frac{p_1}{p_0}$	$k_pw\%$
（甲）	（乙）	（丙）	(1)	(2)	(3)	(4)	(5)
总指数					100	103.76	103.76
（一）食品类					40	107.87	43.15
1. 粮食中类					25	107.19	26.80
(1) 细粮小类					95	107.04	101.69
大米	二等粳米	千克	5.6	6	90	107.14	96.43
面粉	标粉	千克	3.58	3.8	10	106.14	10.61
(2) 粗粮小类					5	110.00	5.50
2. 肉禽及其制品					30	109.00	32.70
3. 蛋					5	115.00	5.75
4. 水产品					10	101.00	10.10
5. 鲜果鲜菜					20	112.00	22.40
6. 在外就餐					10	101.20	10.12
（二）烟酒及用品					5	101.00	5.05
（三）衣着					15	102.00	15.30
（四）家庭设备及服务					10	99.00	9.90
（五）医疗保健及个人用品					6	103.20	6.19
（六）交通和通信					6	94.00	5.64
（七）娱乐教育文化用品及服务					8	101.00	8.08
（八）居住					10	104.50	10.45

面粉的零售价格指数 $k_p=\frac{p_1}{p_0}=\frac{3.8}{3.58}\approx 106.14\%$

第二步，计算各个小类指数。把各规格品个体价格指数乘以其相应的权数后相加。例如细粮小类价格指数：

$$\bar{k}_p=\sum(k_p w)=107.14\%\times 90\%+106.14\%\times 10\%\approx 107.04\%$$

第三步，计算各个中类指数。把各个体小类价格指数乘以其相应的权数后相加。例如粮食中类价格指数：

$$\bar{k}_p=\sum(k_p w)=107.04\%\times 95\%+110.00\%\times 5\%\approx 107.19\%$$

第四步，计算大类指数。把各个体中类价格指数乘以其相应的权数后相加。例如食品类价格指数：

$$\begin{aligned}\bar{k}_p&=\sum(k_p w)=107.19\%\times 25\%+109.00\%\times 30\%\\&\quad+115.00\%\times 5\%+101.00\%\times 10\%+112.00\%\times 20\%+101.20\%\times 10\%\\&\approx 107.87\%\end{aligned}$$

第五步，计算总指数。把八个大类指数乘其相应的权数后相加。

$$\begin{aligned}\bar{k}_p&=\sum(k_p w)=107.87\%\times 40\%+101.00\%\times 5\%+102.00\%\times 15\%+99.00\%\\&\quad\times 10\%+103.20\%\times 6\%+94.00\%\times 6\%+101.00\%\times 8\%+104.50\%\times 10\%\\&\approx 103.76\%\end{aligned}$$

计算结果表明：某市 2013 年居民消费价格有升有降，总的来看比上年同期上涨 3.76%。

2. 股票价格指数

股票价格指数简称股价指数，是用来反映股票市场价格变动的一种专用经济指标，表明股价上升与回落的程度。股价指数一般运用综合指数来编制，通常用股票发行量为权数，也有用成交量作权数的。

【例 6—6】 假定 A、B、C、D 四种股票的基期价格分别为 5 元、8 元、10 元和 15 元，报告期价格分别为 8 元、12 元、14 元和 18 元，四种股票的报告期成交量分别为 150、90、70 和 80，要求计算股价指数。

解： 股票价格指数 $=\frac{8\times 150+12\times 90+14\times 70+18\times 80}{5\times 150+8\times 90+10\times 70+15\times 80}\times 100\%=139.5\%$

计算结果表明这四种股票报告期比基期股价指数上升了 39.5%。

股价指数不一定要用所有上市的股票来编制，通常选择具有代表性的股票来编制。以香港恒生指数为例，它是在所有 500 多家上市公司中选取最活跃的 33 家具有代表性的股票作为计算指数的成分股。该 33 家成分股包括了香港经济四大类别：金融类、地产类、公用事业类和工商业类，约占股票市场总值的 63.8%，成交额也占股票市场总数的 80%，基本反映了整个股市的变动情况。

第四节　指数体系及其运用

利用指数体系分析现象总变动中各个因素的影响，是指数分析法的核心。

一、指数体系及其构成

把若干个有联系的指数所形成的整体称为指数体系。利用指数体系可以对现象进行因素分析，因素分析的内容包括相对数分析和绝对数分析。相对数分析就是把互相联系的指数组成乘积的关系，从指数计算结果分析各因素变动对总量指标变动的影响程度，即总量指标指数＝数量指标指数×质量指标指数，公式如下：

$$\frac{\sum p_1q_1}{\sum p_0q_0}=\frac{\sum q_1p_0}{\sum q_0p_0}\times\frac{\sum p_1q_1}{\sum p_0q_1} \qquad (6—6)$$

绝对数分析就是利用各个因素指标指数分子与分母之差的总和即总量指标指数分子与分母的差额来进行分析，该差额也被称为“影响的绝对值”，公式如下：

$$\sum p_1q_1-\sum p_0q_0=\left(\sum q_1p_0-\sum q_0p_0\right)+\left(\sum p_1q_1-\sum p_0q_1\right) \qquad (6—7)$$

指数体系中有两因素分析的，也有多因素分析的，例如商品销售额指数＝商品销售量指数×商品销售价格指数，产品总成本指数＝产品产量指数×单位成本指数，即是两因素分析的情况；而原材料费用总额指数＝产品产量指数×单位原材料消耗量指数×单位原材料价格指数，即是多因素分析的情况。这里重点介绍两因素分析的方法和步骤。

二、总量指标指数两因素分析

【例 6—7】 承例 6—1、例 6—2，某学生本年假期销售额为 10 090 元，上年同期为 9 420 元。计算分析商品销售量与销售价格对销售额的影响，即利用指数体系具体分析本年增加的销售额，是由于该同学多付出了劳动？抑或是由于商品销售价格上涨？还是由于劳动量与销售价格同时增长？

解： 第一步，根据公式（6—6）设计计算表并计算相关数据见表 6—8。

表 6—8　　　　销售额指数分析表

商品名称	计量单位	销量		销售单价（元）		销售额（元）		
		上年 q_0	今年 q_1	上年 p_0	今年 p_1	基期 p_0q_0	报告期 p_1q_1	假设 p_0q_1
（甲）	（乙）	(1)	(2)	(3)	(4)	(5)	(6)	(7)
鸡蛋	500 克	1 200	1 300	2.6	3.3	3 120	4 290	3 380
饮料	件	90	80	60	62	5 400	4 960	4 800
香烟	盒	150	140	6	6	900	840	840
合计	—	——	——	——	——	9 420	10 090	9 020

第二步，根据指数体系公式（6—6）、公式（6—7）计算总指数和各个因素指数的相对数和绝对量。

销售额指数＝销售量指数×销售价格指数，即：

$$\frac{\sum p_1 q_1}{\sum p_0 q_0}=\frac{\sum q_1 p_0}{\sum q_0 p_0}\times\frac{\sum p_1 q_1}{\sum p_0 q_1}$$

指数体系：$\frac{10\ 090}{9\ 420}=\frac{9\ 020}{9\ 420}\times\frac{10\ 090}{9\ 020}$

相对数之关系：

$$107.1\%=95.8\%\times 111.8\%$$

绝对数之关系：$(\sum p_1 q_1-\sum p_0 q_0)=(\sum q_1 p_0-\sum q_0 p_0)+(\sum p_1 q_1-\sum p_0 q_1)$

$$(10\ 090-9\ 420)=(9\ 020-9\ 420)+(10\ 090-9\ 020)$$

$$670=-400+1\ 070$$

第三步，分析说明计算结果：报告期与基期相比，商品销售额增长 7.2%×(107.2%－100%)，增加了 670 元，这是由于商品销售量下降 4.2%（95.8%－100%），使销售额减少 400 元（9 020－9 420），销售价格上涨 11.9%（111.9%－100%），使销售额增加 1 070 元（10 090－9 020）共同影响的结果。换句话说，该学生本年假期与上年同期相比多销售 670 元，主要是由于商品销售价格上涨而非劳动量增加的缘故。

想一想？

（1）如果销售额总指数增长，可能会有几种情况造成这个结果？

（2）如果销售额总指数为 120%，销售价格指数为 110%，那么销售量指数是多少？

【例 6—8】 某企业所生产的三种产品的产量和出厂价格资料见表 6—9，分析产量和出厂价格的变动情况，以及对总产值的影响。

表 6—9　　某企业三种产品总产值因素分析表

产品名称	计量单位	产量		出厂价格（元）		总产值（元）		
		基期 q_0	报告期 q_1	基期 p_0	报告期 p_1	基期 p_0q_0	报告期 p_1q_1	假设 p_0q_1
（甲）	（乙）	(1)	(2)	(3)	(4)	(5)	(6)	(7)
衣服	件	200	250	40	50	8 000	12 500	10 000
拖把	只	200	200	40	36	8 000	7 200	8 000
坐垫	个	100	90	20	20	2 000	1 800	1 800
合计	—	—	—	—	—	18 000	21 500	19 800

$$总产值指数=\frac{\sum p_1 q_1}{\sum p_0 q_0}=\frac{21\ 500}{18\ 000}=119.44\%$$

总产值变动 $\sum p_1 q_1-\sum p_0 q_0=21\ 500-18\ 000=3\ 500$（元）

计算结果表明该公司总产值增长了 19.44%，增加的总产值为 3 500 元。总产值的变动是由于产量和出厂价格两个因素变动作用的结果。因此要进一步计算产量指数和出厂价格指数，并分别分析它们的变动对总产值变动的影响绝对值。

$$\text{产量指数}=\frac{\sum q_1p_0}{\sum q_0p_0}=\frac{19\ 800}{18\ 000}=110\%$$

三种产品产量综合增长 10%，由于产量增长对总产值变动的影响：

$$\sum q_1p_0-\sum q_0p_0=19\ 800-18\ 000=1\ 800\ (\text{元})$$

$$\text{出厂价格指数}=\frac{\sum p_1q_1}{\sum p_0q_1}=\frac{21\ 500}{19\ 800}\approx 108.59\%$$

三种产品出厂价格综合上升 8.59%，由于出厂价格上涨对总产值变动的影响：

$$\sum p_1q_1-\sum p_0q_1=21\ 500-19\ 800=1\ 700\ (\text{元})$$

相对数指数体系：总产值指数=产量总指数×价格总指数

$$\frac{\sum q_1p_1}{\sum q_0p_0}=\frac{\sum q_1p_0}{\sum q_0p_0}\times\frac{\sum p_1q_1}{\sum p_0q_1}$$

$$\frac{21\ 500}{18\ 000}=\frac{19\ 800}{18\ 000}\times\frac{21\ 500}{19\ 800}$$

$$119.44\%=110\%\times 108.59\%$$

绝对数指数体系：总产值分子分母差额=产量指数分子分母之差+价格指数分子分母之差

$$\sum q_1p_1-\sum q_0p_0=\left(\sum q_1p_0-\sum q_0p_0\right)+\left(\sum p_1q_1-\sum p_0q_1\right)$$

$$3\ 500=1\ 800+1\ 700$$

综合分析：该公司三种产品的总产值报告期比基期增长 19.44%，是由于产量增长 10%和出厂价格上涨 8.59%两个因素共同作用的结果。由于产量增长影响总产值增加 1 800 元，出厂价格提高影响总产值增加 1 700 元，两个因素共同作用，使总产值增加 3 500 元。

三、指数的推算

指数体系可以用来进行指数间的推算。

【例 6—9】 已知某商场商品销售额报告期比基期增长了 10%，销售价格下降了 10%，则商品销售量增长多少？

解： 由于销售额指数=销售量指数×销售价格指数，所以：

销售量指数=销售额指数÷销售价格指数，

则该商场销售量指数=（1+10%）÷（1−10%）=122.22%

说明商品销售量报告期比基期增长了 22.22%（122.22%−100%）。

【例 6—10】 某地区报告期与基期相比，居民以同样多的人民币购买的商品数量减少 5%，则消费价格是如何变动的？

解：由于消费额指数＝消费量指数×消费价格指数，所以：

消费价格指数＝消费额指数÷消费量指数

则居民消费价格指数＝100％÷（1－5％）＝105.26％

计算表明：该地区居民消费价格上涨了5.26％（105.26％－100％）。

逻辑简图

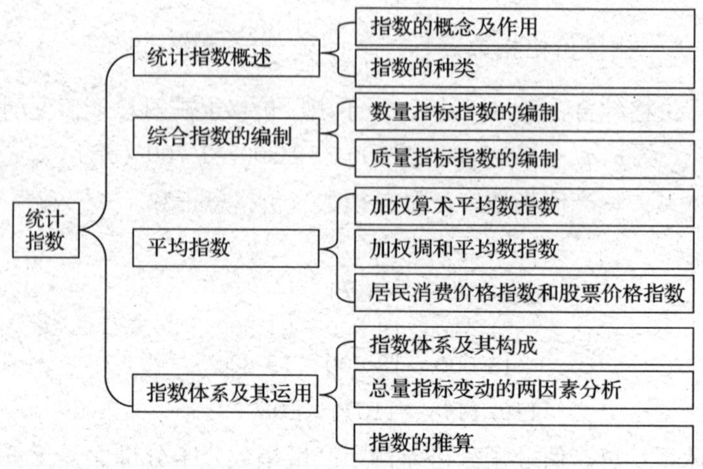

思考与练习

一、简答题

1. 什么是简单现象总体？什么是复杂现象总体？统计指数研究哪一种总体？
2. 统计指数的作用有哪些？
3. 综合指数的编制方法是什么？
4. 平均指数有几种计算形式？分别是什么？
5. 因素分析的内容由哪两部分构成？

二、计算题

1. 某企业生产的三种产品单位成本及产量资料如下表：

产品名称	单位	单位成本元（/件、台、吨）		产量	
		基期	报告期	基期	报告期
甲	件	350	320	50	60
乙	台	180	176	50	50
丙	吨	20	20	150	200

试从相对数和绝对数两方面分析该企业报告期相对于基期产品总成本的变动情况，并分析单位成本和产量的变动对总成本的影响。

2. 某企业三种产品的产值和产量资料如下表：

产品	实际产值（万元）		报告期比基期产量增长（%）
	基期	报告期	
甲	200	240	25
乙	450	485	10
丙	350	480	40

根据上述资料试计算：

(1) 三种产品的总产值指数。

(2) 产量总指数及由于产量变动而增加的产值。

(3) 价格总指数。

3. 某商场商品销售情况如下表：

商品名称	商品销售额（万元）		价格提高（%）
	基期	报告期	
甲	10	11	2
乙	15	13	5
丙	20	22	0

试求价格总指数和销售额总指数。

第七章 抽样推断

学习目标

- 了解抽样推断及其作用
- 理解抽样推断的基本概念
- 掌握纯随机抽样条件下抽样误差的计算
- 掌握区间推断的方法

在许多情况下，需要用少量的样本调查资料来求得大量的总体资料，比如工业产品的质量检验，农作物产量的测算，人口总量的核定等。用抽样推断的方法来解决类似这样的问题最为适宜。

第一节 抽样推断概述

一、抽样推断及其作用

1. 抽样推断的概念

抽样推断是按照随机原则从总体中抽取一部分单位进行调查，并以此对总体进行数量上的推断的一种调查方式。在市场经济条件下，社会经济的发展越趋复杂，使抽样推断的方法得到更加广泛的应用。

随机原则是指从调查对象中抽取样本单位时，不受主观意识的影响，每一个被调查单位被抽中的机会（概率）是同等的。只有这样才能保证样本与总体有相似的结构，使所抽中的样本单位具有广泛的代表性，从而保证推断应有的准确性。因此，遵循随机原则是抽样推断科学性的先决条件。

2. 抽样推断的作用

第一，抽样推断能解决需要全面调查资料，但无法进行、不可能进行或没必要进行全面调查的问题。比如某水域中鱼的种类和数量，汽车的抗压、抗震、抗冲撞能力，城乡居民的收入水平和来源、消费水平和去向，个体商户的规模和经营状况等。

第二，用于工业产品生产过程的质量监控。在工业产品成批或连续不断生产的过程中，产品是否达到技术标准，质量是否稳定，可以通过抽样推断获取相应信息，进而对生产过程进行有效监控。

第三，用抽样推断的数据补充、修订定期报表或普查的数据，如用1%人口抽查的数据修订人口普查的数据。

第四，用于假设检验。

二、抽样推断中的几个基本概念

1. 全及总体

全及总体是指所要调查研究现象的整体，简称总体，一般用字母 N 表示。当调查研究目的确定时，全及总体也会随之确定并且是唯一的。

2. 抽样总体

抽样总体是指从全及总体中随机抽取的那部分单位构成的整体，简称样本，用字母 n 表示。相对于全及总体而言样本不是唯一的，因抽样的方式方法不同可以有许多种样本组合。

3. 重复抽样与不重复抽样

从总体中随机抽取样本有两种方法，一种是重复抽样，另一种是不重复抽样。

重复抽样的做法是，从总体 N 个单位中随机抽取一个容量为 n 的样本，每次从总体中抽取一个单位，把结果登记下来后又放回去重新参加下一次抽选。每个单位被抽中或没有被抽中的机会，在每次抽取时都完全一样。

不重复抽样的做法是，从总体 N 个单位中随机抽取一个容量为 n 的样本，每次从总体中抽取一个单位，把结果登记下来后不再放回总体中。每抽一次总体单位的数量就少一个，因此，每个单位被抽中还是没有被抽中的机会，在每次抽取时是不同的。

4. 全及指标与样本指标

全及指标是根据全及总体各单位的相关标志表现整理计算出的、反映总体特征的综合指标。样本指标也称抽样指标，是根据抽样总体（样本总体）各单位的相关标志表现计算的、反映样本特征的综合指标。

全及总体与样本总体的主要指标有平均数、成数、标准差，这些指标的计算公式见表 7—1。

全及指标是不变的，而样本指标是随机可变的量，因为随机抽取会得到许多个不同样本单位的组合。

表 7—1　　全及总体与样本总体主要指标计算公式

类别		公式	备注
全及指标	平均数	$\bar{X}=\frac{\sum X}{N}$　(7—1)	$\bar{X}$ 为全及总体平均数；X 为各单位标志值；N 为总体单位数
	成数	设 $N_1+N_0=N$，则有： $P=\frac{N_1}{N}$　(7—2) $Q=\frac{N-N_1}{N}=1-P$　(7—3)	P 为总体中具有某种属性的 N_1 个单位所占比重； Q 为总体中不具有某种属性的单位所占的比重
	标准差	$\sigma_{\bar{x}}=\sqrt{\frac{\sum(X-\bar{X})^2}{N}}$　(7—4)	$\sigma_{\bar{x}}$ 为总体平均数的标准差
		$\sigma_P=\sqrt{PQ}=\sqrt{P(1-P)}$　(7—5)	σ_P 为总体成数的标准差
抽样指标	平均数	$\bar{x}=\frac{\sum x}{n}$　(7—6)	$\bar{x}$ 为样本平均数；x 为样本单位标志值；n 为样本单位数
	成数	设 $n=n_1+n_0$，则有： $p=\frac{n_1}{n}$　(7—7) $q=\frac{n_0}{n}=\frac{n-n_1}{n}=1-p$　(7—8)	p 为样本总体中具有某种属性的 n_1 个单位所占的比重 q 为样本中不具有某种属性的 n_0 个单位所占的比重
	标准差	$S_{\bar{x}}=\frac{\sqrt{\sum(x-\bar{x})}^2}{n}$　(7—9)	$S_{\bar{x}}$ 为样本平均数的标准差
		$S_p=\sqrt{p(1-p)}$　(7—10)	S_p 为样本成数的标准差

5. 样本容量

样本容量指一个样本组合里有几个样本单位。

【例 7—1】 假设某生产小组有 4 名生产工人 A、B、C、D，即总体单位 $N=4$，每次从中抽取 2 名工人进行调查登记，即样本单位 $n=2$，这时就说每个样本的容量为 2。

在抽样推断中，样本容量大于 30，即 $n\geqslant 30$ 的样本为大样本；样本容量小于 30，即 $n<30$ 的样本称为小样本。

6. 样本的可能数目

样本的可能数目是指从总体 N 个单位中抽取 n 个单位作为一个样本组合，这样的样本单位组合有多少个。一个总体能有多少个样本组合，既与样本容量大小有关，也与抽样方法有关。分析例 7—1 中的可能样本组合见表 7—2。

表 7—2　　例 7—1 可能样本组合

抽样方法	样本组合	样本的可能数目
考虑顺序重复抽样	AA、AB、AC、AD、BA、BB、BC、BD、CA、CB、CC、CD、DA、DB、DC、DD	16
考虑顺序不重复抽样	AB、AC、AD、BA、BC、BD、CA、CB、CD、DA、DB、DC	12
不考虑顺序重复抽样	AA、AB、AC、AD、BB、BC、BD、CC、CD、DD	10
不考虑顺序不重复抽样	AB、AC、AD、BC、BD、CD	6

例 7—1 这类问题中 AB 与 BA 两个样本组合均代表同样的两个人，可以不考虑其顺序，而有时则需考虑其顺序，比如在 4、5、6、7 四个数字中抽取 2 个，组成一个 2 位数，那么 47 与 74 就有不同的意义，应视为 2 个不同的样本，这时就要考虑样本组合的顺序。

在不同抽样方法、不同的样本容量要求下，产生的样本数目可以通过公式计算。

【例 7—2】 某班有学生 50 名，随机抽取 5 名学生测其身高，并以这 5 名学生的平均身高推断该班 50 名学生的平均身高，可能会产生多少个样本组合？

解：$N=50$，$n=5$

不考虑顺序不重复抽样数目为：

$$C_N^n=\frac{N!}{n!\ (N-n)!}=\frac{50\times 49\times 48\times 47\times 46\times 45\times\cdots\times 1}{(5\times 4\times 3\times 2\times 1)\ \times\ (45\times 44\times 43\times\cdots\times 1)}$$

$$=\frac{254\ 251\ 200}{120}=2\ 118\ 760\ (\text{个})$$

不考虑顺序重复抽样数目为：

$$D_N^n=\frac{(N+n-1)!}{n!\ (N-1)!}=\frac{(50+5-1)!}{5!\ (50-1)!}=\frac{54\times 53\times 52\times 51\times 50\times 49\cdots\times 1}{(5\times 4\times 2\times 1)\ \times\ (49\times 48\times\cdots\times 2\times 1)}$$

$$=\frac{379\ 501\ 200}{120}=3\ 162\ 510\ (\text{个})$$

在例 7—2 中，每个样本的容量只有 5 个，而样本可能的数目，也就是每次抽 5 个学生作为一个样本，可能产生多少个样本，不考虑顺序不重复抽样有 2 118 760 个，不考虑顺序重复抽样则有 3 162 510 个。

三、抽样的组织方式

抽样的组织方式，是指对所有总体单位进行组织整理和抽取样本的方式。主要有简单随机抽样、类型抽样、等距抽样和整群抽样四种。每种方式的做法和适用条件见表 7—3。

表 7—3　　几种抽样组织方式及适用条件

类　别	操作方法	适用条件
简单随机（纯随机）抽样	将总体中的单位逐一编号，用抽签、抓阄或用随机数表来确定和抽取样本	（1）所推断的特征在总体中分布均匀 （2）总体单位数量不大，能逐一编号
类型抽样（分层抽样）	将总体按某个标志分成若干类（组），再按随机原则从各组中抽取样本；每一类抽取样本的数量与其占总体总量的比例一般应一致	（1）所推断的特征在总体中分布不均匀 （2）总体单位量比较大
等距抽样（机械抽样）	将总体按有关标志或无关标志进行排队，再按相等的距离抽取样本	排队所依据的标志表现资料齐全
整群抽样	将总体按某种标志划分成若干群，然后抽取部分群作为样本	总体数量大并且分布的地域广，不易或不可能逐一编号

知识窗

四种方式一个目的

抽样推断四种组织方式中，简单随机抽样是最基本的，其他几种方式是在不同客观情况下对随机原则的变通应用。

四种方式所要达到的共同目的是确保所抽取的样本在总体中具有广泛的代表性，以最大限度地减少样本与总体之间的结构性误差。

第二节　抽样误差及其计算

一、抽样误差的含义

1. 抽样误差

抽样推断中调查人员登记错误或违反随机原则都可能产生误差，这种误差是人为的，经过努力是可以避免的。而抽样误差是指遵守了随机原则，但所抽的样本与总体之间仍存在的结构性误差。

例如在例 7—2 中，不重复抽样可能产生 200 多万个样本组合，这 200 多万个样本组合中，无论哪一个与总体之间都会存在这种结构性误差，这种误差不可避免，但是可以计算和控制。理解和计算抽样误差是进行抽样推断的关键。

2. 抽样平均误差

在例 7—2 中，不重复抽样有 2 118 760 个样本组合，就会有 2 118 760 个抽样误差值，用哪一个样本的误差值来推断总体显然都是不合适的，可以用这 2 118 760 个可能样本的平均误差值来推断总体，这个平均值称为抽样平均误差。

抽样平均误差是所有可能的样本指标的标准差，包括平均数的抽样平均误差，成数的抽样平均误差。

知识窗

影响抽样误差的主要因素

总体的差异程度大，抽样误差大，反之则小；样本的容量大，抽样误差小，反之则大；重复抽样误差大，不重复抽样误差小。

二、抽样平均误差的计算

1. 简单随机条件下抽样平均误差的计算方法

抽样平均误差是所有样本指标的标准差，计算公式为：

$$\mu_{\bar{x}}=\sqrt{\frac{\sum(\bar{x}-\bar{X})^2}{M}} \tag{7—11}$$

式中 $\mu_{\bar{x}}$——平均数的抽样平均误差；

$\bar{x}$——样本平均数；

$\bar{X}$——总体平均数；

M——全部可能的样本数目。

$$\mu_p=\sqrt{\frac{\sum(p-P)^2}{M}} \tag{7—12}$$

式中 μ_p——成数的抽样平均误差；

p——样本成数平均数；

P——总体成数平均数；

M——全部可能的样本数目。

上面两个公式表明了抽样平均误差的实际意义，但这只是理论公式，实际计算时不能用，因为公式中总体平均数 $\bar{X}$ 及总体成数 P 是未知的，M 个样本也是不可能或没有必要全部抽取的。数理统计证明，抽样平均误差与样本容量、总体标准差、抽样方式方法有关。

在简单随机抽样条件下，其计算方法见表 7—4。

表 7—4　　简单随机抽样平均误差计算方法

抽样平均误差		公式	各因素意义
重复抽样	平均数	$\mu_{\bar{x}}=\sqrt{\frac{\sigma^2}{n}}$　(7—13)	$\mu_{\bar{x}}$ 代表平均数抽样平均误差，σ^2 代表总体方差，n 代表样本容量
	成数	$\mu_p=\sqrt{\frac{P(1-P)}{n}}$　(7—14)	μ_p 代表成数抽样平均误差，P 代表总体成数，n 代表样本容量

续表

抽样平均误差		公式	各因素意义
不重复抽样	平均数	$\mu_{\bar{x}}=\sqrt{\frac{\sigma^2}{n}\left(1-\frac{n}{N}\right)}$ (7—15)	$\mu_{\bar{x}}$代表平均数抽样平均误差，σ^2代表总体方差，n代表样本容量，N代表总体单位数
	成数	$\mu_p=\sqrt{\frac{P\ (1-P)}{n}\left(1-\frac{n}{N}\right)}$ (7—16)	μ_p代表成数抽样平均误差，P代表总体成数，n代表样本容量，N代表总体单位数

从表 7—4 中可见，不重复抽样比重复抽样公式中多了一个修正系数$\left(1-\frac{n}{N}\right)$，该系数总是大于 0 小于 1，因此可知，重复抽样总是比不重复抽样的平均误差要大；当N较大时，该系数接近于 1，两者相差很小。如果样本容量小于 30，即为小样本时，该系数用$\frac{N-n}{N-1}$计算。

知识窗

抽样平均误差公式中σ与P的确定

在实际工作中，抽样平均误差公式中总体的σ与P通常是未知的，解决的办法有以下几种：①用样本的标准差s或成数p来代替；②用过去调查的经验数据来代替；③在正式抽样调查之前先组织试验抽样，用样本资料代替。

2. 抽样平均误差计算实例

【例 7—3】 某班有 50 名学生，随机抽取 5 名学生测其身高值（厘米）为 155、161、170、173、181。计算平均身高及 170 厘米以下学生所占比重的抽样平均误差。

解： 由于不知道总体的标准差σ和总体中 170 厘米以下学生所占比重P，所以应先求出样本的标准差s及比重p，用s、p来计算抽样平均误差，见表 7—5。

表 7—5　　50 名学生抽样资料及抽样指标计算表

序号	身高（厘米）	$x-\bar{x}$	$(x-\bar{x})^2$
1	155	−13	169
2	161	−7	49
3	170	2	4
4	173	5	25
5	181	13	169
总计	840	—	416

$$\bar{x}=\frac{\sum x}{n}=\frac{840}{5}=168\ (\text{厘米})$$

$$s=\sqrt{\frac{\sum(x-\bar{x})^2}{n}}=\sqrt{\frac{416}{5}}\approx 9.12\ (\text{厘米})$$

$$p=\frac{2}{5}=0.4=40\%$$

平均身高的抽样平均误差为：

对于重复抽样，$\mu_{\bar{x}}=\sqrt{\frac{\sigma^2}{n}}=\sqrt{\frac{9.12^2}{5}}\approx 4.08$（厘米）

对于不重复抽样，$\mu_{\bar{x}}=\sqrt{\frac{\sigma^2}{n}\left(\frac{N-n}{N-1}\right)}=\sqrt{\frac{9.12^2}{5}\left(\frac{50-5}{50-1}\right)}\approx\sqrt{16.63\times 0.92}=\sqrt{15.2996}=3.91$（厘米）

计算结果的实际意义：所有可能 2 118 760 个样本平均身高数与总体平均身高数之间的平均离差值，重复抽样条件下是 4.08 厘米，不重复抽样条件下是 3.91 厘米。

成数（即 170 厘米以下学生所占比重）的抽样平均误差为：

对于重复抽样，

$$\mu_p=\sqrt{\frac{P\ (1-P)}{n}}=\sqrt{\frac{p\ (1-p)}{n}}=\sqrt{\frac{0.4\times\ (1-0.4)}{5}}\approx\sqrt{\frac{0.24}{5}}\approx 21.91\%$$

对于不重复抽样，

$$\mu_p=\sqrt{\frac{p\ (1-p)}{n}\left(\frac{N-n}{N-1}\right)}=\sqrt{\frac{0.4\times\ (1-0.4)}{5}\left(\frac{50-5}{50-1}\right)}\approx\sqrt{0.048\times 0.92}$$

$$=\sqrt{0.04416}\approx 21.01\%$$

计算结果的实际意义：所有可能样本中，身高在 170 厘米以下学生所占的比重，与总体 50 名学生中 170 厘米以下学生所占比重的平均离差，重复抽样条件下为 21.91%，不重复抽样条件下为 21.01%。

【例 7—4】 某企业某季度生产 5 000 000 只灯泡，随机不重复抽取 500 只进行耐用时数检验，所得资料见表 7—6，假设该种灯泡使用寿命在 800 小时以上的为合格品，根据资料计算平均耐用时数及合格品比重的抽样平均误差。

表 7—6　　500 只灯泡抽样资料及抽样指标计算表

耐用时数（小时）	组中值 x	数量（只）f	xf	$x-\bar{x}$	$(x-\bar{x})^2$	$(x-\bar{x})^2f$
800 以下	775	2	1 550	−151	22 801	45 602
800～850	825	33	27 225	−101	10 201	336 633
850～900	875	127	111 125	−51	2601	330 327
900～950	925	185	171 125	−1	1	185
950～1 000	975	103	100 425	49	2 401	247 303
1 000～1 050	1 025	42	43 050	99	9 801	411 642
1 050～1 100	1 075	8	8 600	149	22 201	177 608
合计	—	500	463 100	—	—	1 549 300

解：

500 只灯泡平均使用寿命为：

$$\overline{x}=\frac{\sum xf}{\sum f}=\frac{463\ 100}{500}\approx 926\ (小时)$$

样本标准差为：

$$S_{\overline{x}}=\sqrt{\frac{\sum\ (x-\overline{x})^2 f}{\sum f}}=\sqrt{\frac{1\ 549\ 300}{500}}\approx 55.7\ (小时/只)$$

平均使用寿命的抽样平均误差为：

$$\mu_{\overline{x}}=\sqrt{\frac{\sigma^2}{n}\left(1-\frac{n}{N}\right)}=\sqrt{\frac{55.7^2}{500}\left(1-\frac{500}{5\ 000\ 000}\right)}\approx\sqrt{6.2\times 0.999\ 9}\approx\sqrt{6.2}\approx 2.5\ (小时)$$

合格品比重为：

$$p=\frac{500-2}{500}=99.6\%$$

成数（合格品所占比重）的抽样平均误差为：

对于不重复抽样，

$$\mu_p=\sqrt{\frac{p\ (1-p)}{n}\left(1-\frac{n}{N}\right)}=\sqrt{\frac{99.6\%\ (1-99.6\%)}{500}\times\left(1-\frac{500}{5\ 000\ 000}\right)}$$

$$=\sqrt{0.000\ 007\ 968\times 0.999\ 9}\approx 0.28\%$$

对于重复抽样，

$$\mu_p=\sqrt{\frac{p\ (1-p)}{n}}=\sqrt{\frac{99.6\%\ (1-99.6\%)}{500}}=\sqrt{0.000\ 007\ 968}=0.282\%$$

计算表明：所抽取的 500 只灯泡的平均使用寿命为 926 小时，使用寿命 800 小时以上的合格品所占比重为 99.6%，不重复抽样条件下平均使用寿命的抽样平均误差为 2.5 小时，合格品率的抽样平均误差为 0.28%。

点拨

从例7—3、例 7—4 的计算结果可见：

1. 重复抽样比不重复抽样的抽样平均误差大。

2. 在 N 很大的情况下，$\left(1-\frac{n}{N}\right)$ 接近于 1，采用不重复抽样公式计算出的结果与重复抽样差别很小，为了计算方便，实际应用时不重复抽样也可用重复抽样公式计算。

3. 由于例 7—3 中的样本是小样本，不重复抽样平均误差的修正系数用 $\left(\frac{N-n}{N-1}\right)$。

在了解了抽样平均误差的意义和计算方法之后，就可以对要研究的总体进行数量上的推断。

第三节　总体指标的推断

抽样调查的目的是用样本指标去推断总体指标，由于存在抽样误差，这种推断是不可能非常精确的，它实质上是一种有科学依据的估计，所以通常把这种方法叫作估计方法。由一个样本的指标去估计全及指标有点估计和区间估计两种。

一、点估计

点估计就是用样本指标 $\bar{x}$ 或 p 直接代表总体指标 $\bar{X}$ 或 P 来计算总体指标。例如，在2 000 名学生中抽取 100 名学生调查的结果，平均体重 50 千克，其中戴眼镜占 30%，采用点估计方法就可以据此来推断全体学生的平均体重是 50 千克，其中戴眼镜的占 30%。

点估计的方法非常简单易懂，但这种估计方法没有明确表示有多大的准确程度以及估计有多大的把握。因此，对估计结果的精确度和把握程度要求不高时，可以用这种点估计的方法。

二、区间估计

区间估计是根据样本指标和抽样误差去推断总体指标的可能范围，而不是直接地简单推断。它能够明确估计的准确程度和把握程度，因此区间估计是由样本指标推断总体指标的主要方法。

理解和应用区间估计的方法归纳起来主要有四个要点：

第一，根据样本指标和抽样误差计算总体指标所在的范围。例如抽选出来 100 名学生的平均体重是 50 千克，抽样误差是 1 千克，就可以推断全体学生的平均体重在 49（50−1）～51（50+1）千克之间。这 100 名学生中戴眼镜的占 30%，抽样误差是 2%，就可以推断全体学生中戴眼镜的学生所占比重在 28%（30%−2%）～32%（30%+2%）之间。用公式表示为：

对于平均数的推断，$\bar{x}-\mu_{\bar{x}}\leqslant\bar{X}\leqslant\bar{x}+\mu_{\bar{x}}$（或 $\bar{x}\pm\mu_{\bar{x}}$）　　(7—17)

对于成数的推断，$p-\mu_p\leqslant P\leqslant p+\mu_p$（或 $p\pm\mu_p$）　　(7—18)

第二，把握程度的确定。区间估计所表示的是一个可能的范围，而不是一个绝对可靠的范围，因为是按照随机原则抽选样本的，因此所有可能的样本配合全有可能抽到。而抽样误差是所有可能样本指标与总体指标的平均误差，每个样本的误差和它比较，有的大于它，有的小于它，因此，包括在区间估计范围之内的只有一部分样本而不是所有的样本配合。这样，总体指标在这个范围之内的结论就不是完全肯定的，可能估计对了，也可能估计得不对。只能说在这个范围内有一定的把握程度，也就是有一定的概率。

概率论和数理统计证明，样本在 1 个抽样误差范围之内的概率是 0.682 7，即做区间估计来推断总体有将近七成的把握。把这个把握程度的判断与区间估计结合起来就可以说，抽取 100 名学生做调查，推断出全体学生的平均体重在 49～51 千克这个范围的可能性（概率）是 0.682 7，即 68.27%。

在实际工作中可以根据需要来确定把握程度。扩大抽样误差范围可以提高推断的把握程度，缩小抽样误差范围则会降低推断的把握程度。如果将 100 名学生的抽样误差范围扩大 1 倍，即 2 千克，则推断全体学生平均体重在 48～52 千克范围内的把握度为 0.954 5，即 95.45%。区间范围大了，包括在这个范围内的样本数目增多了，把握程度就会提高。

概率论和数理统计证明，抽样误差范围的变化和把握程度之间有一定的数量关系，见表 7—7。

表 7—7　　抽样误差范围与把握程度之间数量关系

抽样误差范围（允许误差）	0.50μ	1.00μ	1.50μ	1.96μ	2.00μ	3.00μ	4.00μ
把握程度（概率）	0.382 9	0.682 7	0.866 4	0.950 0	0.954 5	0.997 3	0.999 94

表 7—7 中扩大或缩小抽样误差范围的倍数叫作概率度，即表中的 0.50、1.00、2.00、3.00 等，用符号 t 表示。扩大或缩小以后的抽样误差范围称作允许误差，用符号 Δ 表示，允许误差也叫抽样极限误差、最大可能误差等。

概率度和把握程度（概率）有一定的对应关系，为了使用方便，可以查阅正态概率表，常用到的数据见表 7—8。

表 7—8　　正态分布概率简表

概率度 t	概率 $F(t)$	概率度 t	概率 $F(t)$
0.10	0.079 7	2.50	0.987 6
0.50	0.382 9	3.00	0.997 3
1.00	0.682 7	4.00	0.999 94
1.50	0.866 4	4.50	0.999 993
2.00	0.954 5	5.00	0.999 999

第三，允许误差的计算。从上面的分析得到允许误差、概率度和抽样平均误差之间的相互关系：

$$\Delta = tu \qquad (7—19)$$

Δ 代表允许误差，等于 t 倍的抽样平均误差。当抽样平均误差一定时，改变 t，允许误差的范围会随之改变，同时把握程度（概率）也会跟着变化，把握程度在抽样推断中又被称作置信程度、可信程度、可靠程度等。

第四，计算一定把握程度的区间估计值。把允许误差、把握程度（概率）均考虑在内可以得出完整的平均数区间估计的计算公式：

$$\bar{x} \pm \Delta_{\bar{x}} \quad 即\ \bar{x} \pm t\mu_{\bar{x}} \tag{7—20}$$

$$\bar{x} - t\mu_{\bar{x}} \leqslant \bar{X} \leqslant \bar{x} + t\mu_{\bar{x}} \tag{7—21}$$

公式（7—21）的实际意义是：推断的全及总体平均数落在样本平均数加减允许误差（t 倍平均数抽样平均误差）之间。

成数的区间估计计算公式为：

$$p \pm \Delta_p\ 即\ p \pm t\mu_p \tag{7—22}$$

$$p - t\mu_p \leqslant P \leqslant p + t\mu_p \tag{7—23}$$

公式（7—23）的实际意义是：推断的全及总体成数落在样本成数加减允许误差（t 倍成数抽样平均误差）之间。

【例 7—5】 承接例 7—3，50 名学生中随机抽取 5 名学生调查，平均身高 $\bar{x}$＝168 厘米，抽样平均误差 $\mu_{\bar{x}}$＝3.91 厘米，身高 170 厘米以下学生所占比重 p＝40％，抽样平均误差 μ_p＝21％，如果要求把握程度（概率）为 68.27％，其对应的概率度 t＝1。试推断 50 名学生的平均身高所在范围以及身高在 170 厘米以下学生所占比重。

解：要求 $F(t)$＝68.27％，t＝1，推断平均身高的区间，将已知数据代入公式（7—21）得区间为：

168－（1×3.91）～168＋（1×3.91），即平均身高在 164.09～171.91 厘米之间。

成数（身高在 170 厘米以下学生所占比重）的区间推断，将已知数据代入公式（7—23）得到区间为：

40％－1×2％～40％＋1×2％，即成数在 38％～42％之间。

计算结果的意义：50 名学生的平均身高在 164.09～171.91 厘米之间，其中身高在 170 cm 以下的学生所占的比重在 38％～42％之间，这个推断的把握程度（可靠程度、可信程度）为 68.27％。

例 7—5 中总体指标所在范围 166.25～169.75 厘米，38％～42％，在抽样推断中也被称作置信区间。

【例 7—6】 承接例 7—4，在 500 万只灯泡中抽取 500 只调查，平均耐用时间为 926 小时，抽样平均误差为 2.5 小时，试分别推断把握程度为 68.27％、99.73％时，所有灯泡的平均耐用时间。

解：已知 $\bar{x}$＝926 小时，$\mu_{\bar{x}}$＝2.5 小时

当 $F(t)$＝68.27％，t＝1 时，有：

$$\Delta_{\bar{x}}=t\mu_{\bar{x}}=1\times2.5=2.5\text{ 小时}$$

$\bar{x}\pm\Delta_{\bar{x}}=926\pm2.5$ 小时，即 923.5～928.5 小时

当 $F(t)=99.75\%$，$t=3$ 时，有：

$$\Delta_{\bar{x}}=t\mu_{\bar{x}}=3\times2.5=7.5\text{ 小时}$$

$\bar{x}\pm\Delta_{\bar{x}}=926\pm7.5$ 小时，即 918.5～933.5 小时

计算结果表明：根据 500 只灯泡的抽样结果，推断出 500 万只灯泡的平均使用寿命在 923.5～928.5 小时之间，这个推断的把握程度为 68.27%；若把把握程度提高到 99.73%，则 500 万只灯泡的平均使用寿命在 918.5～933.5 小时之间。

点拨

抽样推断准确度与把握程度的兼顾

例7—6 中我们既想要推断的数据准确（误差小）一些，又想推断的可靠性（把握程度）高一些。抽样推断的准确度与把握程度（概率）是一对矛盾，准确度高、区间范围小，则把握程度低；准确度低、区间范围大，则把握程度高。究竟采用多大的准确度和把握程度，应该根据实际需要而定。

【例 7—7】 承接例 7—4，在 500 万只灯泡中抽取 500 只调查，耐用时数在 800 小时以上的合格品的比重为 99.6%、抽样平均误差 $\mu_p=0.28\%$，计算 $t=2$ 时，所有灯泡中合格品所占比重的范围。

解：已知 $t=2$，$\mu_p=0.28\%$ 依题意有：

$$\Delta_p=t\mu_p=2\times0.28\%=0.56\%$$

$p\pm\Delta_p=99.6\%\pm0.56\%$，即 99.04%～100%（合格率不可能超过 100%）

计算结果表明：当 $t=2$ 时，所有灯泡中合格品所占比重在 99.04%～100%之间，做这个推断有 95.45%的把握程度。

第四节　样本容量的确定

样本容量过多，会造成不必要的人财物的浪费，过少则有可能产生较大的抽样误差，所以确定必要的样本容量，是抽样推断不得不考虑的问题。

一、影响样本容量大小的因素

影响样本容量大小的主要因素有四个：

1. 总体各单位标志值变异的大小

总体各单位标志表现差别大，要求样本容量要多一些；总体各单位标志表现的差别

小，要求的样本容量就相对少一些。

2. 抽样推断置信度的大小

抽样推断置信度要求越高，样本的容量就越多；置信度要求较低，则样本容量就可少一些。

3. 允许误差的大小

如果其他条件已定，允许误差大，样本容量可少一些；允许误差小，样本容量应大些。

4. 抽样的方法和组织形式

重复抽样样本容量应多些，不重复抽样样本容量可少些。简单随机抽样、整群抽样需要的样本容量多一些；类型抽样、等距抽样需要的样本容量少一些。

点拨

综合考虑多种因素确定适当样本容量

影响样本容量的四个因素中，总体变异程度的大小是客观存在的，人们只能接受而无法改变。允许误差、置信度、抽样的组织方式方法，在应用中有时会相互矛盾而无法兼顾，应根据需要和现实条件综合考虑各个因素来确定样本容量。

二、确定样本容量的方法

在简单随机条件下，确定必要样本容量的计算公式可由 $\Delta=tu$ 推导出来。

1. 推断平均数的样本容量

(1) 重复抽样

由$\Delta_{\bar{x}}=t\mu_{\bar{x}}=t\sqrt{\frac{\sigma^2}{n}}$推导得：

$$n=\frac{t^2\sigma^2}{\Delta_{\bar{x}}^{\ 2}} \tag{7—24}$$

(2) 不重复抽样

由$\Delta_{\bar{x}}=t\mu_{\bar{x}}=t\sqrt{\frac{\sigma^2}{n}\left(1-\frac{n}{N}\right)}$推导得：

$$n=\frac{t^2N\sigma^2}{\Delta_{\bar{x}}^{\ 2}N+t^2\sigma^2} \tag{7—25}$$

2. 推断成数的样本容量

(1) 重复抽样

由 $\Delta_p=t\mu_p=t\sqrt{\frac{p(1-p)}{n}}$推导得：

$$n=\frac{t^2p\ (1-p)}{\Delta_p^2} \tag{7—26}$$

(2) 不重复抽样

由 $\Delta_p=t\mu_p=t\sqrt{\frac{p\ (1-p)}{n}\left(1-\frac{n}{N}\right)}$ 推导得：

$$n=\frac{t^2Np\ (1-p)}{\Delta_p^2N+t^2p\ (1-p)} \tag{7—27}$$

【例 7—8】 某校上年抽查学生平均身高，标准差为 9.12 厘米。本年随机抽查推断 6 000 名在校生的平均身高，如果要求允许误差不超过 4 厘米，把握程度为 99.7%，则至少需要抽多少个学生作为样本?

解：已知 $N=6\ 000$，$\Delta_{\bar{x}}=4$ 厘米，$\sigma=9.12$ 厘米，$F\ (t)\ =99.7\%$，则 $t=3$

将已知数据代入公式（7—24）得到平均数重复抽样样本容量：

$$n=\frac{t^2\sigma^2}{\Delta_{\bar{x}}{}^2}=\frac{3^2\times 9.12^2}{4^2}\approx\frac{748.6}{16}\approx 47\ (\text{人})$$

将已知数据代入公式（7—25）得到平均数不重复抽样样本容量：

$$n=\frac{t^2N\sigma^2}{\Delta_{\bar{x}}{}^2N+t^2\sigma^2}=\frac{3^2\times 6\ 000\times 9.12^2}{4^2\times 6\ 000+3^2\times 9.12^2}\approx\frac{4\ 491\ 417.6}{96\ 748.6}\approx 47\ (\text{人})$$

分析计算结果得知：在满足所要求的把握程度和误差范围内，推断 6 000 名学生的平均身高至少应抽查 47 名学生作为样本。

【例 7—9】 某校上年抽查得到身高 170 厘米以下学生所占的比例为 40%，本学期随机抽查推断 6 000 名在校生中，身高 170 厘米以下学生所占的比例，如果要求允许误差不超过 10%，把握程度为 99.7%，则至少需要抽多少个学生作为样本?

解：已知 $N=6\ 000$，$\Delta_p=10\%$，$p=40\%$，$F\ (t)\ =99.7$，$t=3$

将已知数据代入公式（7—26）得到成数重复抽样样本容量：

$$n=\frac{t^2p\ (1-p)}{\Delta_p^2}=\frac{3^2\times 40\%\times\ (1-40\%)}{(10\%)^2}=\frac{2.16}{0.01}=216\ (\text{人})$$

将已知数据代入公式（7—27）得到不重复抽样样本容量：

$$n=\frac{t^2Np\ (1-p)}{\Delta_p^2N+t^2p\ (1-p)}=\frac{3^2\times 6\ 000\times 40\%\times\ (1-40\%)}{(10\%)^2\times 6\ 000+3^2\times 40\%\times\ (1-40\%)}=\frac{12\ 960}{62.16}\approx 209\ (\text{人})$$

分析计算结果得知：在满足所要求的把握程度和误差范围内，推断 6 000 名学生中身高在 170 厘米以下学生所占的比重至少应抽查 216 名学生作为样本。

想一想?

例 7—8、例 7—9 中，如果通过一次抽查推算总体平均数和成数两个指标，样本容量应选择四个计算结果中的哪一个？为什么?

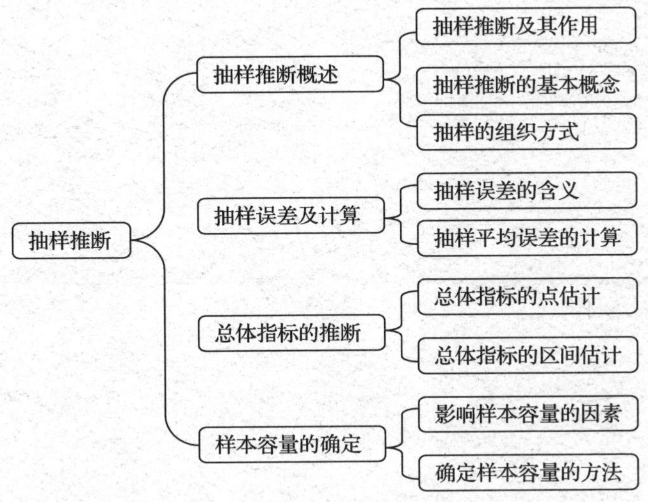

一、简答题

1. 重复抽样与不重复抽样的相同点与不同点有哪些？

2. 什么是纯随机简单抽样、等距抽样？

3. 点估计与区间估计的相同点与不同点有哪些？

二、计算题

1. 某公司有职工 21 000 名，随机不重复抽取 50 名进行调查，测得其月平均工资为 2 200 元，标准差 $\sigma=220$ 元，要求：

(1) 计算其抽样平均误差并说明其意义。

(2) 如果标准差增加 40 元或减少 20 元，其抽样平均误差将怎样变化？

2. 某地区抽其 300 户城镇居民进行家庭调查，测得人均月生活费支出为 600 元，标准差为 80 元，如果把握度为 95.45%（$t=2$），计算并说明全地区城镇居民的人均月生活费支出的范围。

3. 某企业从生产的 5 000 台电器中随机抽取 50 台进行质量检验，合格品有 49 台，试以 99.73%的概率保证，估计全部产品合格率的范围及合格品的数量（重复抽样与不重复抽样分别计算）。